DR. OLFIDIER JORGE GAMA C.

LA PREDICACIÓN OBJETIVA

El arte de bendecir a la humanidad

HOUSTON TEXAS, ESTADOS UNIDOS.

NOVIEMBRE DE 2016.

CONTENIDO

A. El origen del predicador.

B. El efecto social del predicador.

C. El predicador y sus necesidades.

D. El predicador y su carácter.

E. La vida íntima del predicador.

F. La pureza interior del predicador.

G. El devocional del predicador.

H. El buen corazón del predicador.

I. La teología del predicador.

J. El conocimiento del predicador.

K. La misión del predicador.

L. La unción del predicador.

M. El llamado del predicador.

AGRADECIMIENTOS

Al Dios Altísimo, de quien emana toda sabiduría.

A mi tesoro en la tierra, mi bella familia.

A mis verdaderos amigos, gracias por valorar lo que Dios ha hecho en mí, y lo que hago.

PRÓLOGO

¡Excelencia! La humanidad pide excelencia. Es la base de todo éxito. Sin ella hasta lo más valioso deja de ser deseable y maravilloso. "La predicación objetiva" es un libro que impulsa a la excelencia. Sus principios, sus valores, y cada una de sus frases es un peldaño más para alcanzar la excelencia en el arte de la predicación.

Belleza, arte, unción hacen del predicador el mejor agente de influencia. "La predicación objetiva" hace que el predicador se convierta en agente de cambio y transformación de la comunidad; por medio, del poder que emana de su vivir, predicar, y disertar. El predicador es un agente que transforma vidas, impulsa al cambio, construye personas exitosas, supera la enfermedad, destruye el pecado, acaba con la miseria. Construye sociedades nuevas, con el poder más grande del mundo, el poder de Dios y su palabra.

La palabra más poderosa del mundo, es la palabra de Dios. "La predicación objetiva" inspira al predicador del siglo XXI a permanecer en el fundamento más extraordinario de la historia, las Sagradas Escrituras. La Santa Biblia muestra el amor más grande del mundo, los propósitos extraordinarios del Creador para cada una de sus criaturas. La palabra de Dios es la fuente de la fe, que creó el universo; es la fuente que produce los milagros, los cambios, y la vida abundante. La palabra de Dios es el diseño perfecto, todo el que la viva tiene garantizado su éxito.

Éxito. "El éxito en la vida está en encontrar la voluntad de Dios y hacerla". Éxito es productividad, fruto, amor, amistad, etc. "La predicación objetiva" catapulta al predicador a convertirse en un líder productivo y fructífero. Cumpliendo así, el gran propósito de Jesucristo: *"Os he puesto para que vayáis y llevéis mucho fruto, y vuestro fruto permanezca; para que todo lo que pidiereis al Padre en mi nombre, él os lo de". (Juan 15:16)* Éxito, es vivir creciendo en grandes logros, y ser una bendición constante.

Superar barreras, vencer obstáculos, alcanzar victorias; son los grandes propósitos de "La Predicación Objetiva". Todo predicador predica a personas que tienen diferentes pensamientos y argumentos; el éxito en su exposición está en superar las barreras psicológicas, culturales, doctrinales, y alcanzar el objetivo, por el cual, la palabra de Dios fue enviada a la tierra; ella es una semilla salvadora. Un predicador victorioso salva al mundo con su mensaje.

Visión. Visión de superación y excelencia es la meta de todo predicador objetivo. Este tema hará que el lector amplíe la visión, y el conocimiento integral en el arte de la predicación. Fortalecer cada área en la vida del predicador es una de las grandes razones de la existencia, de "La Predicación Objetiva".

Una herramienta. Una herramienta en la mano de un sabio se convierte en el instrumento correcto. "La Predicación Objetiva" es una herramienta de bendición para el predicador excelente. Existe una manera correcta para hacer cada cosa; de la misma manera, existe una forma correcta para predicar y salvar almas. "La Predicación Objetiva" es la herramienta, para salvar al mundo.

Olfidier Jorge Gama C.

INTRODUCCIÓN

Ser predicador no es fácil. La mayoría de oyentes consideran que predicar, lo puede hacer cualquiera. Sin embargo, no es así. Predicar es un Arte costoso, por el cual se debe pagar un alto precio. El precio en la consagración de la vida, la educación, la formación Divina, la disciplina constante, del llamado celestial, y del crecimiento espiritual.

Para llegar a ser un verdadero predicador se requiere cumplir una serie de requisitos, los cuales están enumerados en este libro. "La Predicación Objetiva" contiene los aspectos fundamentales que hacen a un verdadero predicador del evangelio, con una predicación precisa y fundamentada.

INVESTIGACIÓN

Estudio de Campo

Después de hacer una amplia investigación. Escuchando diferentes predicadores, con diferentes enfoques e inclinaciones, por más de cuarenta años; consultando libros revistas y materiales diversos, sobre discursos, oratoria, homilética y liderazgo. Escuchar críticas y comentarios tanto positivos como negativos de los predicadores de la actualidad. Y viendo los resultados obtenidos de iglesias, sus ministros, sus discípulos, sus miembros, sus multitudes, sus éxitos y sus fracasos.

Arrojó como resultado el siguiente diagnóstico: Se puede afirmar que la predicación de hoy se debe revisar y reforzar, para que se lleve a cabo, el objetivo divino de nuestro Señor Jesucristo, de predicar el evangelio, para testimonio, a todas las naciones, y salvar al mundo.

Con base en esta necesidad, surge esta obra denominada: La Predicación Objetiva.

JUSTIFICACION

Todo tiene una razón de ser, y de existir, y permanecer. Después de un profundo estudio del "Arte de la Predicación" y sus participantes. Se ha podido detectar la carencia de profundidad y fundamento teológico; de coherencia en el mensaje y la vida práctica. Carencia de herramientas en sus expositores. Carencia de unidad de pensamiento y objetivo; carencia de competencia leal en el reclutamiento de las almas. Se detecta el desnivel en la prosperidad del proyecto iglesia y sus miembros. Carencia de justicia social en la remuneración y el futuro de sus ministros. La crítica constante de unos a otros, por el desenfoque, que atraviesa la predicación. Y lo más grave, la carencia del objetivo, dejado por nuestro Salvador Jesucristo de Salvar al mundo.

Todas estas grandes necesidades nos llevan crear estrategias, y a revisar lo que tenemos y lo que nos falta. Esta es la razón por la cual surge este libro. La Predicación Objetiva.

OBJETIVOS

Por medio de este libro los lectores y estudiantes podrán alcanzar los siguientes objetivos:

1. Objetivo General.

   Lograr la objetividad en la vida del predicador; y así, la preparación y la exposición de la predicación.

2. Objetivos Específicos.

   a. Desarrollar la excelencia en la personalidad del predicador.

   b. Ampliar el poder de influencia en el predicador por medio de la bendición de Dios.

   c. Retomar la Palabra de Dios como la base fundamental del predicador.

   d. Plantear una estrategia para una predicación productiva.

   e. Superar barreras psicológicas que debe enfrentar el predicador.

   f. Ampliar la visión del conocimiento integral en la mente del predicador.

   g. Proveer herramientas que enriquezcan la preparación de sermones de manera objetiva y precisa.

   h. Hacer grandes predicadores.

CAPÍTULO I

EL PREDICADOR EXCELENTE

El ser es más que el hacer.

La predicación objetiva y precisa requiere de un predicador excelente, que pueda producir un mensaje de alta calidad, que exalte al Dios Altísimo. Un predicador de alto nivel trasmite el carácter de Cristo, personalidad, visión y poder. Veamos algunas áreas que influyen sobre la personalidad del predicador, que pueden impedir o influir para alcanzar el éxito.

> La predicación objetiva y precisa requiere de un predicador excelente, que pueda producir un mensaje de alta calidad, que exalte al Dios Altísimo.

A. El origen del predicador.

En ningún momento quiero demeritar o despreciar algún lugar del mundo; por el contrario quiero valorar el lugar de donde usted viene. Si una persona está dispuesta a superar todas sus deficiencias, puedo afirmar con toda seguridad: "No importa de donde venga, Dios hará de usted un gran predicador". Se ha descubierto que la mayoría de países, culturas y sociedades producen ciertas barreras o limitantes a sus miembros. Esto crea complejos en el desarrollo de la personalidad de sus profesionales, y en la gestión de proyectos, tanto personales como sociales.

> Un predicador que quiera llegar a la excelencia, deberá concentrarse en el gran propósito que Dios tiene para su vida.

Un predicador que quiera llegar a la excelencia, deberá concentrarse en el gran propósito que Dios tiene para su vida, y superar toda barrera cultural que le limite en la presentación de una predicación objetiva y bendecida. No importa su origen, usted es elegible para ser un gran predicador.

B. El efecto social del predicador.

"Dime con quién andas y te diré quién eres". Esta es una frase popular la cual contiene un gran sentido, de verdad. Dependiendo de la calificación de las personas que nos rodean, así será el efecto que ellos producirán en nosotros. Por ejemplo, si su relación es con personas correctas usted verá la necesidad de ser correcto. Si ve crecer a sus amigos, usted sentirá el profundo deseo de crecer. Cuando sus amigos desarrollan estrategias y prosperan, usted se sentirá impulsado a prosperar.

Si sus amigos tienen un vocabulario elegante y fino, usted se verá obligado a superar y embellecer su léxico. Si usted escucha buenos predicares, estoy seguro que su ejemplo le impactará y le ayudará a superar sus deficiencias personales.

Siempre a mis estudiantes en la universidad y los seminarios bíblicos, les aconsejo ser cuidadosos con su "círculo íntimo". Si usted encuentra a un buen amigo cuídelo, es bien difícil de encontrarlo. Si no lo encuentra, conviértase en un buen amigo, sincero y transparente.

El mundo será rico con usted. Un buen amigo es aquel que siempre enseña algo bueno, influye con grandes valores, y te evita cometer errores. Un buen círculo íntimo te engrandece, te hace más valioso, nunca te desprecia, y te enriquece.

Cada día. Selecciona muy bien tus influencias; ellas te pueden aplastar o colocar en la cima. La predicación objetiva es aquella que enriquece con el ejemplo. El verdadero éxito de un predicador es predicar con el ejemplo. Un buen círculo de buenos amigos siempre te enriquecerán con su buen ejemplo.

La excelencia es una de las bases para la predicación objetiva.

C. El predicador y sus necesidades.

Si podemos descubrir nuestras necesidades reales podremos saber cuáles son nuestros verdaderos motivos. Todo en la vida tiene un motor que nos mueve y lleva a hacer lo que hacemos. Siempre tenemos una causa que nos mueve al éxito o al fracaso. El predicador objetivo debe ser movido por el llamamiento de Dios. Esta es la base verdadera de todo predicador verdaderamente exitoso. Él es movido por la voluntad del Dios que le llama. Su fundamento esta enraizado en la palabra de Dios, y en el ejemplo perfecto de nuestro Señor Jesucristo.

> . El predicador objetivo debe ser movido por el llamamiento de Dios. Esta es la base verdadera de todo predicador verdaderamente exitoso.

Existen diferentes necesidades que modifican la predicación. Si nuestras necesidades son financieras es posible que el mensaje de una manera inconsciente cambie el propósito y pierda su objetividad. Si las necesidades son conductas incorrectas en la vida del predicador, posiblemente el sermón tendrá impedimento para afirmar principios puros de una sana y correcta santidad. Si la necesidad del predicador es sanidad interior muy posiblemente el sermón se vea afectado por ciertos brotes de amargura o resentimiento, perdiendo así su objetividad. Si el predicador esta sediento de poder el enfoque de la predicación girará a la sublimación de su ministerio, al estado extremo de sumisión de sus seguidores, al poder o la autoridad que el pastor o apóstol tiene sobre la iglesia.

Generalmente la historia ha demostrado que las grandes herejías del mundo han surgido de predicadores que no tenían motivos puros. Tergiversaron las Sagradas Escrituras y cometieron abusos extremos con la comunidad. Por ejemplo: aprobaron la poligamia para justificar sus adulterios. Inventaron doctrinas económicas para hacer grandes estafas. Montaron figuras de autoridad extrema que aún llevaron a grupos enteros a la muerte.

Ser predicador es más complicado de lo que la mayoría de personas entienden.

Un predicador debe ser muy responsable, cuidadoso y objetivo. La vida, la salvación, y el éxito de las personas, y de la iglesia del Señor Jesús, están en la predicación objetiva.

Pablo en sus epístolas pastorales a Timoteo, afirma:

Ser predicador es más complicado de lo que la mayoría de personas entienden. Un predicador debe ser muy responsable, cuidadoso y objetivo.

"Ten cuidado te ti mismo, y de la doctrina; persiste en ello, pues haciendo esto, te salvarás ti mismo y a los que te oyeren". (I Timoteo 4:16)

Esto demuestra que los principios divinos nunca cambian.

"Procura con diligencia presentarte a Dios aproba-do, como obrero que no tiene de que avergonzarse, que usa bien la palabra de verdad". (II Timoteo 2:15)

Esto es predicación objetiva.

El apóstol Santiago, afirma:

"Hermanos míos, no os hagáis maestros muchos de vosotros, sabiendo que recibiréis mayor condena-ción". (Santiago 3:1)

Cuando un pastor ordena o asigna la tarea de la enseñanza o predicación a uno de sus líderes, primero que todo debe ver su sana doctrina, el carácter de Cristo en el discípulo, y los motivos o necesidades de su corazón que le mueven a ocupar el bello privilegio, de exponer la palabra de Dios.

Creo que cuando la palabra de Dios afirma en Apocalipsis 21:8 acerca de los "mentirosos"; está hablando de aquellos que torcieron las Sagradas Escrituras, e hicieron tropezar a muchos.

D. El predicador y su carácter.

El carácter es aquella parte que le da la individualidad a cada persona. El carácter es parte de la personalidad de cada individuo. Se puede afirmar que el carácter se forma a través de las influencias tanto paternales, como culturales y sociales.

Se pueden identificar personas de carácter nervioso, un poco inestables, no afirman sus emociones, tienen problemas con el orden y la disciplina, y se pueden caracterizar como débiles.

Por el contrario están las personas de carácter apasionado. Son rígidas, disciplinadas, muy activas, y arrolladoras. Tienen muy buena memoria, y son dispuestas y metódicas para el aprendizaje.

También se han identificado las personas de carácter amorfo. Son un poco perezosas, desordenadas, despilfarradoras, impuntuales, y poco motivadas.

Otro tipo de carácter es el apático, le gusta estar aislado, es fanático de la melancolía, y con frecuencia es controlado por la pereza. Le gusta la rutina y rehúye a las cosas nuevas y a la creatividad.

Dentro del grupo de los diferentes tipos de caracteres, se encuentran los sentimentales. Se inclinan a ser soñadores, sensibles, se desmotivan con mucha frecuencia. Suelen ser rencorosos, pesimistas e inseguros.

Quise agregar este punto. Pues uno de los grandes problemas del predicador es su carácter. La toma de buenas decisiones y acciones las determina el carácter. Un carácter diligente hará un predicador diligente, disciplinado, positivo, motivado, y activo. Un buen carácter es la base fundamental para identificar con claridad los principios Divinos, practicarlos, estudiarlos, dominarlos, organizarlos, y predicarlos.

Algo que produce inseguridad al mundo es un predicador falto de carácter correcto y santo. Algo que caracteriza al apóstol Pablo es su firmeza de carácter. Podemos afirmar con toda seguridad que el carácter de Pablo

La toma de buenas decisiones y acciones las determina el carácter.

fue más firme que el del apóstol Pedro. Dios escoge a Pablo para que plantee los fundamentos de la iglesia cristiana, dando como resultado las epístolas eclesiásticas y pastorales. Nuestro carácter es la base de la formación de las futuras generaciones de discípulos.

Si el carácter del predicador es inseguro, también así será su predicación.

Si el carácter es inconstante así también será la predicación, sin rumbo fijo.

Si el carácter es resentido la predicación estará impregnada de venganza.

Un carácter definido, disciplinado, correcto y santo producirá una predicación objetiva.

El carácter determina la identidad del Dios que tiene el predicador. Amoroso o iracundo, misericordioso o vengativo, generoso o tacaño, bondadoso o deísta. Las interpretaciones doctrinales son modificables por la influencia del carácter, y modifica la imagen que se tiene de Dios.

La mejor interpretación Bíblica de la imagen del Dios Altísimo, está basada en el carácter de Cristo. Antes que toda actitud nuestra, temperamento o carácter; debemos colocar por delante a Jesús, para que la interpretación del Dios que predicamos, y la palabra que interpretamos sea objetiva y correcta.

Un carácter definido, disciplinado, correcto y santo producirá una predicación objetiva.

E. La vida íntima del predicador.

Las influencias de otros afectan en gran manera nuestra conducta y creencias; permita que Dios sea tu mayor influencia.

Pero, hablemos un poco acerca de nuestra vida íntima. Existe una área íntima, muy personal del predicador que la multitud no la conoce, su familia no la conoce, ni siquiera un amigo muy cercano. Dependiendo de la vida íntima del predicador, así también será de fundamentada su predicación.

Un predicador que mantiene una vida íntima con Dios es muy detectable; de la misma manera, se puede ver la carnalidad, y la carencia de intimidad con Dios en el predicador charlan, frustrado, agresivo, y hasta grosero.

Hace años escuche una frase anónima, muy fundamentada. "Las cosas espirituales, por su carácter espiritual, han de ser ministradas, por hombres espirituales". Los predicadores del Nuevo Testamento fueron identificados, porque se podía reconocer que habían estado a los pies de Jesús.

Nuestro gran maestro Jesús, nos enseña muy enfáticamente acerca de la vida íntima.

"Cuando ores entra en tu aposento, y cerrada la puerta, ora a tu padre que está en secreto; y tu padre que ve en lo secreto, te recompensara en público". (Mateo 6:6)

La oración es la fuente de poder del predicador.

Los secretos de tu vida se reflejan en la precisión, y en la objetividad de tu predicación.

F. La pureza interior del predicador.

La integridad interior del predicador producirá el tesoro del contenido de la predicación. Existen conflictos raíces internos de la personalidad basados en las Sagradas Escrituras. La psicología Bíblica plantea cómo dependiendo de lo interno de cada ser humano; así se manifiestan su conducta y sus palabras. *"De la abundancia del corazón habla la boca". "El buen hombre de su buen tesoro saca buenas cosas".* Estos planteamientos demuestran, que dependiendo de la pureza del corazón; así también será la pureza de la predicación.

Antes de permitir que alguien ingrese al terreno de la predicación, debemos ser muy cuidadosos en el proceso de hacer discípulos. Todo predicador debe pasar por el proceso de ser tratado y limpiado interiormente por el Señor Jesucristo.

Veamos algunos conflictos internos que debemos revisar, procesar y limpiar para ingresar en el ministerio de la predicación.

1. El predicador es sano de amargura.

"Mirad bien que alguno deje de alcanzar la gracia de Dios, que brotando alguna raíz de amargura os estorbe y por ella muchos sean contaminados". *(Hebreos 12:15)*

Cuando un predicador tiene conflictos de resentimientos, su predicación puede ser afectada y tener influencias contaminantes.

Cuando un predicador tiene conflictos de resentimientos, su predicación puede ser afectada y tener influencias contaminantes. Todos los predicadores debemos actuar con respecto, reverencia, y temor frente al santo ministerio de la predicación que Dios nos ha delegado.

2. El predicador es sano de amor al dinero.

"Porque raíz de todos los males es el amor al dinero" (1 Timoteo 6:10).

Un conflicto raíz muy profundo, que mueve al mundo es el amor a lo material. Los negocios ilícitos, los fraudes, aún asesinatos, muchos han sido ocasionados por avaricia. Se ha escuchado sobre aún predicadores que cometieron fraudes, engañaron a sus miembros, y se desbocaron por los valores temporales de este mundo.

El predicador debe tener grandes sueños, visiones, aspiraciones, propósitos, y grandes metas; pero debe conocer con claridad la misión temporal que tenemos sobre la tierra.

Un predicador sano del amor al dinero, podrá enseñar objetivamente las verdades de la administración financiera. Podrá fortalecer la honestidad, la buena actividad productiva, y la virtud de la generosidad de manera precisa. La generosidad con Dios, con la familia y con los necesitados; mayormente con los de la familia de la fe. El predicador que tiene equilibrio financiero sabrá conducir a sus discípulos a grandes valores eternos.

> El predicador que tiene equilibrio financiero sabrá conducir a sus discípulos a grandes valores eternos.

El Dios al cual servimos es rico. No tenemos necesidad de defraudar a nadie económicamente. El Dios al cual servimos nos bendecirá y concederá los deseos de nuestro corazón. Esta debe ser la fe, la seguridad de todo verdadero predicador.

3. El predicador es sano de rebelión.

Los rebeldes no salen de los vientres los produce la sociedad. Debemos tener mucho cuidado con las influencias altivas, argumentativas, murmuradoras y desobedientes. Los cambios fuera de la voluntad de Dios son ocasionados por rebeldes. Los tiranos producen rebeldes, los rebeldes producen rebeldes, los abusadores producen rebeldes, los sistemas que usan a las personas producen rebeldes, el diablo produce rebeldes, los gobiernos injustos producen rebeldes. Lo grave es que nosotros los predicadores, sigamos el juego de los sistemas e influyamos con un espíritu rebelde sobre la comunidad que nos escucha. Ser predicador requiere de una mentalidad inteligente,

bíblica, y con un carácter que refleje la bondad y la sujeción de Cristo, hacia la voluntad de Dios.

Eva fue la primera predicadora bajo influencia rebelde.
Ella escuchó las palabras mal intencionadas del diablo, y
la influencia rebelde se apoderó de su vida. La influencia
llegó a Adán y de esta manera a la humanidad. Este comportamiento se continúa repitiendo hasta hoy. Nuestra
influencia humilde, obediente, mansa, hará de nuestros
discípulos una iglesia libre de rebelión.

La obediencia, la humildad, la mansedumbre, son las
armas de nuestra milicia.

*"Pues aunque andamos en la carne, no militamos
según la carne, porque las armas de nuestra milicia no son carnales, sino poderosas en Dios para la
destrucción de fortalezas, derribando argumentos y
toda altivez que se levanta contra el conocimiento
de Dios, y llevando cautivo todo pensamiento a la
obediencia a Cristo, y estando prontos para casti-
gar toda desobediencia, cuando vuestra obediencia
sea perfecta".* (2 Corintios 10:3-6)

El predicador libre de rebelión será una bendición en
su predicación.

4. El predicador es sano de inmoralidad.

Otro problema raíz es la suciedad moral. El corazón su-
cio habla vulgaridades, el corazón limpio habla pureza.
Nuestra pureza moral nos dará una predicación objetiva
y pura.

El deseo de Pablo y del Espiritu Santo era que los Efesios se mantuvieran en pureza moral, les exhorta sobre la mentira, sobre la honestidad, sobre la sexualidad correcta, y sobre las palabras edificantes, verdaderas que adoren al Señor.

"Por lo cual, desechando la mentira, hablad verdad cada uno con su prójimo…" (Efesios 4:25).

Parte de la moral está en ser impecable con la verdad en nuestros labios.

"Ninguna palabra corrompida salga de nuestra boca, sino la que sea buena para la necesaria edificación, a fin de dar gracia a los oyentes". (Efesios 4:29)

> Nuestra pureza moral nos dará una predicación objetiva y pura.

La predicación debe ser acorde con la verdad de Dios y debe ser edificante.

Como predicadores debemos anhelar ser recordados por la pureza de nuestras palabras, y por una conducta moral semejante a la de Jesús.

G. El devocional del predicador.

Los pastores anhelamos de corazón que nuestros miembros aparten cada día un tiempo para meditar, orar, leer la palabra de Dios, hacer reflexiones y aplicaciones personales; pues, somos conscientes que allí, Dios les hablará y fortalecerá sus vidas. De la misma manera, el predicador requiere reforzar, su poder, fortaleza, fe, revelación de la palabra, y ser un estanque lleno de las bendiciones del Altísimo.

Por la responsabilidad tan grande y el privilegio que tenemos con el llamado santo y divino, los predicadores debemos separar un buen tiempo cada día, para entrar en la presencia de Dios, y sumergirnos en todas las riquezas de su gloria. De allí salir dispuestos para toda buena obra, con revelación, visión, y respaldo Divino.

Los predicadores debemos separar un buen tiempo cada día, para entrar en la presencia de Dios, y sumergirnos en todas las riquezas de su gloria.

Hay un pueblo anhelante por escuchar una palabra de vida abundante, escuchar a un hombre ungido, con una palabra de esperanza. Todo esto surge de estar con el Señor.

H. El buen corazón del predicador.

Un buen corazón retiene la palabra y da fruto permanente. Los predicadores somos portadores de la buena palabra de Dios. El buen corazón determina la calidad de la palabra que vive y comparte el predicador. La calidad de la semilla determina la calidad de la cosecha y la producción.

El buen corazón determina la calidad de la palabra que vive y comparte el predicador.

Un buen corazón es benigno y bondadoso. Quiero hacer referencia a lo benigno. Me impactó al analizar esta sencilla palabra. Lo benigno contiene la naturaleza buena de un árbol que produce buenos frutos. Realmente hace referencia a una persona nacida de nuevo y transformada por la naturaleza de Dios. Es como el hombre que ha nacido de Dios y ya no práctica el pecado; pues la semilla de Dios, los rasgos de Dios, lo han transformado, y de ese corazón solo se genera la bondad.

Jesús nos enseña, cómo es la conducta de un corazón bueno, frente a la palabra de Dios.

"Más la semilla que cayó en buena tierra, éstos son los que con corazón bueno y recto retiene la palabra oída, y dan fruto con perseverancia". (Lucas 8:15)

Todo lo contrario sucede con el corazón malo. El Espiritu Santo afirma que el de corazón malo se aparta del Dios Vivo. Está lleno de incredulidad, y no puede entrar a la tierra del fruto; a la tierra que fluye leche y miel, a causa de su incredulidad. Los de corazón malo son aquellos que conocieron a Dios, recibieron milagros, pero nunca pudieron afirmar su corazón a causa de su naturaleza rebelde y pecaminosa.

"Mirad, hermanos, que no haya en ninguno de vosotros corazón malo de incredulidad para apartarse del Dios vivo". (Hebreos 3:12)

El buen corazón predica más con la actitud y el ejemplo que con las palabras. El mundo de hoy clama a voces por predicadores de buen corazón.

I. La Teología del predicador.

Hoy es común escuchar a predicadores lanzando dardos de fuego contra los teólogos. Quiero aclarar, que desde el momento que un predicador abre la Biblia y empieza a hablar de Dios, ya está planteando Teología. Como todos sabemos la Teología es el estudio de Dios. Si hablamos de salvación, de Cristo, de sanidad Divina, del rapto, o de cualquier ciencia donde Dios sea influyente, estamos hablando de Teología. Esto demuestra que aquellos predicadores que hablan de Dios y atacan la Teología les falta objetividad y conocimiento, de lo tratado.

"Mas alábese en esto el que se hubiere de alabar; en entenderme y conocerme, que yo soy Jehová..." (Jeremías 9:24)

Un predicador de las cosas de Dios, debe ser especializado en el estudio de Dios. La Biblia es la base de toda la teología. Todo predicador del evangelio debe ser experto en la teología bíblica. En el conocimiento, y la experiencia con Dios. Entre más experimentado en Dios sea el predicador, con más objetividad y precisión hablara de Él. En mi libro "El Diseño de Dios" profundizo más sobre este tema.

J. El conocimiento del predicador.

Se pierde más por la falta de conocimiento, que lo que se invierte en adquirir conocimiento. Cada ciencia requiere como mínimo cinco años de estudio, para comprender bien las bases de la carrera. De la misma forma un predicador serio, objetivo, llamado por Dios, debe comprender que no se puede salir a predicar sin preparación. Es comprensible que un soldado sin preparación se envía a morir, o un líder sin capacitación se envía a fracasar.

El predicador debe amar el buscar a Dios, pero también la investigación Divina y científica. Por varios años he escuchado, que la ciencia contradice a Dios, pero no es verdad. Dios creo la ciencia y nosotros la descubrimos. Todo lo que los hombres descubrimos diariamente, son realmente los diseños inteligentes de Dios. Todo fue diseñado perfecto, por un Dios lleno de sabiduría perfecta.

La verdadera ciencia engrandece y exalta al Dios de los cielos. Cuando hablo de ciencia me refiero al mundo en el cual vivimos, a todo lo creado, a todo lo bueno que nos mejora la calidad de vida, y produce alegría a la familia, y armonía con Dios. Todo lo que pueda embellecer el mensaje y exaltar a Dios, el predicador debe aprenderlo.

> Todo lo que los hombres descubrimos diariamente, son realmente los diseños inteligentes de Dios.

Existen ciencias afines que embellecen el ministerio.

Todo predicador debe conocer la ciencia de las comunicaciones, para poder presentar la palabra con elocuencia por radio, televisión, internet, y aún escrita.

La ciencia de la administración le permitirá organizar

mejor los proyectos de la iglesia y su visión personal, y enseñar a otros los principios del éxito en el ejercicio de cada día.

La ciencia de la pedagogía le ayudará a organizar la escuela, las asignaturas que considere necesarias de acuerdo a cada edad y necesidad. La didáctica le permitirá ser un mejor maestro como la cualidad necesaria de todo ministro.

La ciencia de la psicología le ayudará a comprender mejor las necesidades y los comportamientos de los miembros; le fortalecerá en el manejo de casos que presentan diariamente las familias, y sus participantes

Tenemos mucho por aprender. Entre más estudiamos sentimos que menos sabemos, entre menos estudiamos sentimos que nos las sabemos todas.

"Antes bien, creced en la gracia y el conocimiento de nuestro Señor y Salvador Jesucristo". (2 Pedro 3:18)

Un conocimiento amplio y completo nos dará la base para exponer una predicación objetiva, que alcance el propósito Divino. Con un panorama más amplio sobre la salvación y sus insondables bendiciones.

K. La misión del predicador.

¿Realmente, cual es la misión del predicador? ¿Ir de ciudad en ciudad? ¿Visitar gente? Nuestra misión debe estar fundamentada en la visión de Jesucristo. Salvar al mundo y hacer de cada creyente un soldado (discípulo); para así, hacer un ejército mundial que invada los rincones de la tierra. Toda predicación debe contener los siguientes objetivos: Alcanzar las almas con la salvación de Jesucristo. Afirmar a todo creyente en Cristo. Adiestrar a todo nuevo discípulo, hacer que el Reino de Dios avance, para que en todo sea Dios adorado.

Y Jesús se acercó (a sus discípulos) y les habló diciendo: Toda potestad me es dada en el cielo y en la tierra. Por tanto, id, y haced discípulos a todas las naciones, bautizándolos en el nombre del Padre, y del Hijo, y del Espiritu Santo; enseñándoles que guarden todas las cosas que os he mandado; y he aquí yo estoy con vosotros todos los días hasta el fin del mundo. Amén". (Mateo 28:18-20)

Esta es nuestra misión.

Los cinco ministerios se dirigen a cumplir con el objetivo general de preparar a los santos para la obra del ministerio. Sea apóstol, sea profeta, sea evangelista, sea pastor, sea maestro. Todos debemos apuntar hacia el mismo objetivo (Efesios 4:11,12). Salvar al mundo, con el perdón de Jesucristo.

Esta es nuestra misión.

La predicación se hace objetiva, efectiva, precisa, y eficaz; cuando cumplimos con la visión de nuestro Señor Jesucristo.

"Hacer discípulos" para salvar al mundo.

Esta es nuestra misión.

L. La unción del predicador.

Uno de las áreas más importantes para todo predicador debe ser la unción que reposa sobre su vida. Para Jesús la unción fue el sello de su ministerio. Él era el Mesías (en hebreo) o el Cristo (en griego) lo cual, quiere decir, el Ungido.

Jesús puso la base de la evidencia de su unción cuando, dijo: *"El Espíritu del Señor esta sobré mi..." (Lucas 4:18)*

Pablo en su viaje a Corinto demuestra que la predicación no es simplemente habilidad humana, sino además una demostración del Espíritu Santo.

"Cuando fui a vosotros no fui con palabras de humana sabiduría, sino con demostraciones del Espíritu Santo y de poder. Para qué vuestra fe no esté basada en la sabiduría de los hombres, sino en el poder de Dios" (1 Corintios 2:4-5)

Se puede afirmar, que solamente cuando un predicar está en el poder del Espíritu Santo está en lugar de Dios. Cuando Dios nos eligió para llevar la predicación fue para que ocupáramos su lugar. "Dios no está visiblemente,

Se puede afirmar, que solamente cuando un predicar está en el poder del Espíritu Santo está en lugar de Dios.

pero estoy yo en su lugar". Esta debe ser la afirmación de todo predicar llamado, ungido y lleno del Espíritu Santo. De esta manera, la predicación será vivificante, ejemplar y con esencia espiritual; llevando a cabo el propósito Divino con el cual fue enviada.

Solamente la predicación es verdaderamente objetiva cuando es proclamada con el poder del Espíritu Santo.

M. El llamado santo del predicador.

Cuando Dios llama equipa. El llamado es el equipamiento del predicador. Con este divino privilegio vienen toda una serie de privilegios, dones, y bendiciones.

El Señor Jesucristo, Como el Señor del Reino llamó a los que él quiso. Y ellos escucharon su llamado; era un llamado de comunión, de acercamiento y compañía con Jesús; era un llamado con una misión, una serie de descripción de funciones naturales y sobrenaturales contenía este llamado. Este llamado implicaba sacrificios, oportunidades, y grandes privilegios. Su llamado era todo un sistema que requería un gran equilibrio.

> *"...Y llamó a si los que él quiso; y vinieron a él. Y estableció a doce, para que estuviesen con él, y para enviarlos a predicar, y que tuviesen autoridad para sanar enfermedades y para echar fuera demonios".* *(Marcos 3:13-15)*

Exactamente era un llamado repetitivo, cumpliendo con los mismos lineamientos del ministerio de Jesucristo.

"Cómo me envió el Padre, así también yo os envió".
(Juan 20:21)

El llamado es el gran equipamiento de Dios. Si un predicador siente que no tiene el respaldo de Dios en lo que está haciendo, debe revisar su llamado. Entrar en análisis, observación, orar, meditar, y pedirle a Dios la confirmación de este máximo privilegio.

Ponga pruebas como lo hizo Gedeón. Revise su vida personal. Dios no coloca vino nuevo en odres viejos. Muchas personas que salieron a predicar sin la preparación y la pureza necesaria; Después hicieron el ridículo con sus pecados y maldades, y blasfemaron el nombre del Señor con sus malos testimonios. Un pecador o un impío con traje de predicador no debe salir a predicar; pues un día no lejano dejará en vergüenza el mensaje, y al Reino de Dios.

> El llamado es el gran equipamiento de Dios. Si un predicador siente que no tiene el respaldo de Dios en lo que está haciendo, debe revisar su llamado.

Un llamado es equipado con el respaldo de Dios en todas las áreas. Tanto materiales como espirituales. El llamado de Dios siempre provee los recursos necesarios, no es por la persona es por el llamado. El llamado traerá almas, el llamado traerá finanzas, el llamado producirá líderes, el llamado da lo material, el llamado abre las puertas. El llamado produce para el propósito que tiene dicho llamado.

Una persona llamada por Dios tiene el testimonio vivo cada día, para contarle al mundo que Dios hace grandes cosas. Esto convierte la predicación en efectiva y objetiva. Esto marca la diferencia de los predicadores productivos e improductivos.

En mi vida personal he visto el fruto de mi ministerio. Nunca he dudado de mi llamado. (Aun cuando he tenido que enfrentar serpientes y escorpiones) por el contrario, las situaciones adversas me han demostrado que mi llamado es cada día más sólido, y más poderoso. Veo el respaldo del Dios Altísimo conmigo, en todas las áreas de mi vida, y en todas las cosas que emprendo.

La seguridad comprobada de un llamamiento hace que la predicación sea firme, respaldada por Dios, y con efectos espirituales objetivos.

"Irrevocables son los dones y el llamamiento de Dios". (Romanos 11:29)

CAPÍTULO II

EL PREDICADOR Y SU INFLUENCIA

La Fuerza Creativa

Todo lo que una persona dice tiene poder de afectar sea positiva o negativamente al que lo escucha. Escuchamos de adultos que afirman haber sido maldecidos por sus padres desde que tienen uso de razón, esto les creó complejos y conductas equivocadas que los han tenido sumidos en fracasos constantes. De la misma manera sucede lo contrario, padres que bendijeron a sus hijos con palabras de ánimo, de visión impregnadas de valores, y cómo estos llegaron a ser profesionales, empresarios, ministros de Dios, senadores, y hasta presidentes.

Se ha podido descubrir que gran parte del éxito o del fracaso de comunidades enteras está en lo que éstas escuchan desde los pulpitos. La predicación puede hacer sociedades pobres, acomplejadas, apáticas, carentes de

> Todo lo que una persona dice tiene poder de afectar sea positiva o negativamente al que lo escucha.

liderazgo o también personas prosperas, de alto nivel y muy exitosas.

Veamos en este capítulo algunos puntos de la influencia del predicador y sus efectos.

A. El predicador que confunde.

El predicador debe ser claro y preciso. Con frecuencia se escuchan discursos que confunden, por la terminología que se utiliza, por conceptos demasiado filosóficos, por criticas y murmuraciones contra otras iglesias o ministros, o por planteamientos doctrinales contradictorios.

Con frecuencia se detecta que cuando un predicador quiere impresionar al auditorio, rebusca términos, o raíces de otros idiomas, como latín, griego, hebreo o Ingles; idiomática que es totalmente desconocida para el oyente e impráctica; La cual, no deja ningún fruto. Se ha comprobado que siempre un auditorio busca soluciones y aplicaciones prácticas, para su diario vivir.

Otro factor que confunde son los planteamientos demasiado filosóficos. El mundo de hoy va demasiado rápido, y un gran porcentaje no quiere pensar. Uno de los consejos prácticos de grandes predicadores del siglo XX y XXI, es procurar la sencillez en las predicaciones; El Doctor Billy Graham afirma: "Preparo mi predicación, de tal manera que un niño me la pueda comprender; si un niño me la puede entender los demás también lo harán".

B. El predicador que conduce a la pobreza.

Todo planteamiento por sencillo que sea, informativo, o instructivo, o divertido, tiene poder de influencia. Dependiendo de la inclinación del mensaje, puede influir al oyente a ser pobre o rico.

Una predicación acusativa crea gente con mentalidad de culpa, y pobreza espiritual. Predicar contra los ricos puede crear una mentalidad inconsciente de pobreza. Una predicación negativa puede llevar al oyente a la degradación de sí mismo. Una predicación que viene de un ambiente de pobreza puede influir a creer que la pobreza y la miseria es una virtud divina, creando una sociedad conformista con su miseria y su ruina.

> Una predicación que viene de un ambiente de pobreza puede influir a creer que la pobreza y la miseria es una virtud divina.

Los hombres de Dios siempre fueron prósperos ricos integralmente; pues este es el deseo de Dios.

"Amado, yo deseo que seas prosperado en todas las cosas, y que tengas salud, así como prospera tu alma" (III Juan 2).

C. El predicador que difama.

Una de los grandes problemas en los pulpitos de hoy es "la santa y sagrada difamación". Nos sentimos con autoridad para gritar a los cuatro vientos los defectos y errores de los demás. Algunos parecen periodistas del diablo, no llevamos las buenas nuevas de la salvación de Jesucristo; sino la difamación del diablo. La palabra diablo significa "difamador, acusador".

> Una de los grandes problemas en los pulpitos de hoy es "la santa y sagrada difamación".

Me gustaría hacerle algunas preguntas: ¿Ha hablado mal de algún cristiano o predicador frente a algún auditorio o persona? ¿Le ha gustado escuchar hablar mal de alguien, cuando un predicador lo hace a un auditorio o desde un pulpito? ¿Le parece a Ud. que este difamador es mejor y más sabio que la víctima que está siendo difamada? ¿No ha notado que el difamador siempre nos quiere impresionar, que él es mejor que todos los demás?

Debemos orar y pedirle perdón a Dios, si alguna vez por ignorancia lo hicimos. Orar en arrepentimiento por colaborarle al diablo difamador, por pensar como un diablo difamador, y por dañar la imagen de alguien que necesita restauración.

Una de las normas educativas y personales, que aplico en mis seminarios es no permitir hablar negativamente de alguien en clase. Difamar degrada la imagen de Dios, de su santo evangelio, de su obra, y de su Reino.

"Haced todo sin murmuraciones ni contiendas, para que seáis irreprensibles y sencillos, hijos de Dios sin mancha en medio de una generación maligna

y perversa, en medio de la cual resplandecéis como luminares en el mundo" (Filipenses 2:14,15).

D. El predicador que induce al orgullo.

"Las moscas muertas hacen heder y dar mal olor al perfume del perfumista; así una pequeña locura, al que es estimado como sabio y honorable". (Eclesiastés 10:1)

Una mosca que se puede manifestar fácilmente en la vida del predicador es el orgullo. Algunas veces queremos impresionar a nuestros oyentes. Al hacerlo caemos en el vacío de "vender la imagen". Damos testimonios exagerados., informes estadísticos "evangelasticos". Al final notamos que la gente nos descubrió las mentiras y las exageraciones, y quedamos avergonzados.

Nuestro ejemplo enseña más que nuestras palabras. Lo más trágico es la imagen altiva, orgullosa, la cual dejamos registrada en la mente y el corazón de los creyentes ingenuos; los cuales, terminan creyendo y repitiendo como si fuera una santa revelación. Nuestras actitudes se copian en nuestros oyentes. La altivez es una conducta fácil de repetir, pues la traemos en nuestra naturaleza caída.

Nuestra actitud sencilla es muy importante; aun cuando enseñemos cosas poderosas y sublimes. La humildad es la fuerza que conduce a los predicadores genuinos en

> Nuestras actitudes se copian en nuestros oyentes. La altivez es una conducta fácil de repetir.

los pulpitos. La humildad será el ejemplo y la imagen de nuestros próximos discípulos.

La manera más eficaz para alcanzar una verdadera y genuina gloria, es hacer las cosas bien y con excelencia, como las haría Jesús.

Jesús dijo:

"Llevad mi yugo sobre vosotros, y aprended de mí, que soy manso y humilde de corazón..." *(Mateo 11:29)*

E. El predicador que crea rivalidad.

Ser predicador objetivo es complejo. Dependiendo de las influencias, y de las inclinaciones, y ejemplo de los maestros, se determina la pureza y la influencia de la predicación. Si escuchamos mensajes agresivos, de unos cristianos contra otros, de iglesias versus iglesias, de misiones versus misiones, o concilios contra concilios; lo más probable, es que terminemos contagiados por el entorno social, y nuestra predicación pierda el espíritu de la unidad; y por el contrario, se desate el espíritu de rivalidad sin darnos cuenta.

> Satanás significa adversario, toda inclinación adversaria en medio de la predicación tiene identidad satánica. La rivalidad produce perdición a los oyentes.

Un predicador que mira con rivalidad y competencia a otros grupos cristianos, terminará predicando contra ellos. Realmente es un espíritu satánico. Satanás significa adversario, toda inclinación adversaria en medio de la predicación tiene identidad satánica. La rivalidad produce perdición a los oyentes.

Toda persona que sube a un pulpito debe concentrarse en bendecir a los oyentes con la Santa Palabra de Dios. Es el único objetivo por el cual Dios le ha puesto allí.

El apóstol Pablo nos orienta a los predicadores y maestros de la palabra:

"Recuérdales esto, exhortándoles delante del Señor a que no contiendan sobre palabras, lo cual para nada aprovecha, sino que es para perdición de los oyentes. Procura con diligencia presentarte a Dios aprobado, como obrero que no tiene de que avergonzarse, que usa bien la palabra de verdad". (II Timoteo 2:14,15)

F. El predicador que no inspira.

Se ha sentado usted frente un predicador que rasga su garganta gritando con violencia, llena de saliva el micrófono, salta y corre de un lugar a otro como péndulo de reloj viejo, da un discurso largo lleno de palabras rebuscadas; sin embargo, después de tanto esfuerzo no dejó ni una lección práctica para la vida, y menos el deseo de volverlo a escuchar. Esto es un predicador que no inspira.

Inspirar a ser salvo, a ser sano, a ser diferente, y amar a Dios, es un don de Dios. Todo predicador debe ser inteligente y analítico; Debe comprender cuando el estanque de la unción del Espíritu Santo está vacío, y el poder de la influencia sobrenatural se ha perdido.

Un predicador genuino y ungido no necesita rasgar su garganta gritando, o reventar sus pulmones, trotando y saltando sobre una tarima, para influir sobre el auditorio. Solo se necesita la sombra de Dios. Todo el éxito de los grandes predicadores que han influido sobre grandes multitudes, está en una sola cosa: Dios está con ellos.

> Inspirar a ser salvo, a ser sano, a ser diferente, y amar a Dios, es un don de Dios.

Influir positivamente sobre un grupo de personas es bello; pero influenciar espiritualmente es otra cosa. La genuina persuasión es espiritual. Pablo es un gran ejemplo de influencia espiritual.

"Y estuve entre vosotros con debilidad, y mucho temor y temblor; y ni mi palabra, ni mi predicación fue con palabras persuasivas de humana sabiduría, sino con demostraciones del Espíritu y de poder, para que vuestra fe no este fundada en la sabiduría de los hombres, sino en el poder de Dios". (I Corintios 2:3-5)

G. El predicador que mata.

Un predicador sin esencia espiritual mata a sus oyentes. Toda persona que va a un evento espiritual, espera una bendición espiritual. Si solo encuentra un hombre fantástico, espectacular, con luces fantásticas, con sonido cuadrafónico; pero sin esencia espiritual saldrá defraudado, creyendo que Dios es falsedad como el espectáculo al cual asistió.

Hagamos auditorios hermosos y excelentes, buenos ambientes, sonido extraordinario, luces celestiales; pero comprendamos no es suficiente; Dios es el único que da vida.

"y pondré mi Espíritu en vosotros y viviréis". (Ezequiel 37:14).

Jesús dijo:

"Yo he venido para que tengan vida, y para que la tengan en abundancia". (Juan 10:10b)

Un predicador de Dios debe tener vida, para que pueda dar vida. Las cosas de Dios son espirituales; por tal razón, deben ser ministradas por gente con naturaleza espiritual. Muchas personas se han sentido defraudadas al ser invitadas a una reunión espiritual que se convirtió solo en una reunión social. Las reuniones sociales no tienen la responsabilidad de producir vida espiritual, las reuniones religiosas sí. Si la religión a la cual asistes no produce vida espiritual realmente es una simple religión muerta, que produce muerte.

> Un predicador sin esencia espiritual mata a sus oyentes. Toda persona que va a un evento espiritual, espera una bendición espiritual.

Los predicadores que no tienen el objetivo de producir vida en sus oyentes, realmente terminan matando la poca fe del que los oye.

Un predicador que produce vida, está lleno de Dios, es lleno del Espíritu Santo, Jesús vive en él, es correcto en la palabra de Dios y vive poderosamente disfrutando el poder de Dios.

Jesús nos llama para estar con él y dar vida.

"…Y llamó a los que él quiso; y vinieron él. Y estableció a doce, para que estuviesen con él, y para enviarlos a predicar, y que tuviesen autoridad para sanar enfermedades y para echar fuera demonios". (Marcos 3:13-15)

Él, nos ha comisionado para llevar vida, somos sus genuinos discípulos.

H. El predicador que es digno de imitar.

La verdadera predicación es aquella que se predica con el ejemplo. Todo lo que Jesús vivió, predicó y enseñó; fue para que sus discípulos lo aprendieran, lo vivieran, lo enseñaran, lo practicaran. ¡Y nosotros también!

> Todo lo que Jesús vivió, predicó y enseñó; fue para que sus discípulos lo aprendieran, lo vivieran, lo enseñaran, lo practicaran. ¡Y nosotros también!

Jesús nuestro Salvador es nuestro máximo ejemplo, y nosotros somos su réplica.

Jesús tiene la visión que seamos como él; que seamos imitables; que otros puedan vivir lo que nosotros vivimos, que alcancen los éxitos de nosotros y aún mayores.

Jesús desea vernos poderosos en fe, de tal manera

que seamos imitables. Todo predicador debe tener cualidades cristianas imitables.

El escritor a los Hebreos, nos exhorta:

"Acordaos de vuestros pastores que os hablaron la palabra de Dios; considerad cual haya sido el resultado de su conducta, e imitad su fe". (Hebreos 12:7)

Pablo afirma:

"Sed imitadores de mí, así como yo de Cristo". (I Corintios 11:1)

El verdadero discipulado consiste en que nuestros maestros eran como Jesús, nosotros como ellos, y nuestros discípulos como nosotros. De esta manera el mundo cambiará.

Nuestro Señor Jesús nos dejó abierto el camino; un camino sin límites, para imitar.

"De cierto, de cierto os digo; El que en mi cree, las obra que yo hago, él las hará también; y aún mayores hará, porque yo voy al Padre". (Juan 14:12)

I. El predicador que produce fe.

La predicación objetiva produce fe genuina. Uno de los múltiples objetivos de la palabra de Dios es producir fe.

La palabra nos muestra el amor de Dios, la bondad, la salvación de Jesucristo; nos muestra las bendiciones de la salvación, como son: nueva vida, sanidad, prosperidad, llenura del Espíritu Santo, esperanza en el retorno de Cristo, y fe en la vida eterna. Todo esto reunido es el mensaje del evangelio. Este mensaje nos llena de fe y esperanza.

Un predicador que produce fe predica las bendiciones del evangelio. Dios nos predicó este mensaje en el Antiguo Testamento; Jesús cumplió este mensaje, y nos mostró como Dios nos quiere bendecir con su vida abundante, y sus insondables riquezas de su gracia.

> El predicador que produce fe se enfoca en todo lo bello y hermoso, que contiene el propósito eterno de Dios.

El predicador que produce fe se enfoca en todo lo bello y hermoso, que contiene el propósito eterno de Dios. Si los predicadores de hoy, se dedicaran a predicar los tesoros del evangelio y la vida abundante de Jesucristo, los auditorios estarían rebosantes de almas.

Pablo lo fundamenta, asi:

"Así que la fe es por el oír, y el oír, por la palabra de Dios". (Romanos 10:17)

J. El predicador que inspira superación.

El mensaje de Jesucristo contiene los principios que nos llevan a conquistar las bendiciones y los sueños de Dios, para tener una vida de éxito.

Toda predicación debe contener los propósitos de Dios. Estos nos llevan de lo pequeño a lo grande; de lo mínimo a la multiplicación; Dios siempre tiene proyección de grandes cosas.

Dios tiene la proyección de lo pequeño a lo grande.

"Si tú de mañana bucares a Dios, y rogares al Todopoderoso; si fueres limpio y recto, ciertamente se despertará por ti, y hará prospera la morada de tu justicia. Aunque tu principio haya sido pequeño, tu postrer estado será muy grande". (Job 8:5-7)

Dios nos muestra un nuevo amanecer.

"Más la senda de los justos es como la luz de la aurora, que va en aumento hasta que el día es perfecto". (Proverbios 4:18)

Dios nos muestra una gloria mayor.

"La gloria postrera de esta casa será mayor que la primera". (Hageo 2:9)

El predicador objetivo debe pensar e inspirar como lo hace Dios.

"Porque yo sé los pensamientos que tengo acerca de vosotros, dice Jehová, pensamientos de paz y no de mal, para daros el fin que esperáis. Entonces me invocaréis, y vendréis y oraréis a mí, y yo os oiré". (Jeremías 29:11,12)

Los pensamientos de Dios son buenos y de paz para sus hijos. Jesús nos muestra como el mundo de maldad degrada, arruina y no nos da nada; pero también, como el Padre Dios tiene misericordia de nosotros; nos abraza, nos perdona, y nos da el mejor vestido; nos pone anillo de autoridad en nuestra mano, y zapatos nuevos; símbolo de los grandes y nuevos horizontes que él tiene para nosotros; nos da el becerro gordo, para la fiesta. Todos estos son actos de superación personal, de las inmensas bondades de Dios.

> El mensaje de Jesucristo y su sacrificio fue para nuestra superación personal. El verdadero evangelio siempre nos lleva a grandes cosas.

El mensaje de Jesucristo y su sacrificio fue para nuestra superación personal. El verdadero evangelio siempre nos lleva a grandes cosas.

El ministerio de Jesucristo y su misión fue para nuestra superación personal.

"El Espíritu del Señor está sobre mí, por cuanto me ha ungido para dar buenas nuevas a los pobres; me ha enviado a sanar a los quebrantados de corazón; a pregonar libertad a los cautivos, y vista a los ciegos; a poner en libertad a los oprimidos; a predicar el año agradable del Señor". (Lucas 4:18,19)

Es el tiempo de lo mejor para los hijos de Dios.

K. El predicador que inspira crecimiento.

En el universo todo ser viviente crece, y hasta las cosas inanimadas y materiales se multiplican.

Dios espera que sus hijos crezcan integralmente; espera el crecimiento de su reino, y cada iglesia debe experimentar crecimiento. Dependiendo del crecimiento espiritual todo lo demás crece.

Una de las áreas más difíciles en el crecimiento, es el crecimiento espiritual. El crecimiento espiritual verdadero se fortalece, y aumenta en la medida que Cristo crece en nosotros.

> Dependiendo del crecimiento espiritual todo lo demás crece.

Pablo afirma:

"...conforme a las riquezas de su gloria, el ser fortalecidos con poder en el hombre interior por su espíritu". (Efesios 3:16)

La meta de Dios es que todos lleguemos a la medida del Hijo de Dios en su poder, en su fe, y en sus manifestaciones sobrenaturales.

El predicador objetivo debe llevar al crecimiento a sus oyentes en lo doctrinal, en el liderazgo, en lo económico, en expansión y en crecimiento numérico y espiritual. Realmente son amplias las áreas de crecimiento, que cubre la temática en las cuales debe inspirar el predicador. El crecimiento espiritual en otros, es el sello de los grandes predicadores.

El apóstol Pedro nos inspira al crecimiento integral.

"Vosotros también, poniendo toda diligencia por esto mismo, añadid a vuestra fe virtud; a la virtud, conocimiento; al conocimiento dominio propio; al dominio propio, paciencia; a la paciencia, piedad;

a la piedad, afecto fraternal; al afecto fraternal, amor". (2 Pedro 1:5-7)

Todo el tiempo debemos crecer y hacer que otros crezcan.

L. El predicador que inspira santidad.

"Sed santos porque yo soy santo". (1 Pedro 1:16)

El Dios Santo del universo nos inspira a los humanos a imitar su santidad. La santidad trae comunión con él; ella trae estabilidad en todas las áreas del ser humano; estabilidad con Dios, con la familia, en la comunión con la iglesia, en la estabilidad económica, en la tranquilidad y paz emocional, y en la vida espiritual.

> La santidad es un requisito fundamental e insustituible en la vida del predicador.

El predicador objetivo lleva a sus discípulos a la santidad, (con una vida ética correcta) y a la constante consagración. Lo cual se manifiesta en el manejo de sus finanzas, el cumplimiento de sus palabras, la transparencia de su vida moral, su carácter sano y libre de resentimientos.

El gran problema se presenta cuando el predicador carece de santidad, buenas disciplinas, vida limpia y transparente; esto empaña y hace infructífero el mensaje divino. La santidad es un requisito fundamental e insustituible en la vida del predicador.

El éxito del predicador está en predicar con el ejemplo

Pablo aconseja a Timoteo:

"...Se ejemplo de los creyentes en palabra, conducta, amor, espíritu, fe, y pureza". (I Timoteo 4:12)

Un verdadero predicador predica más en siete días con el ejemplo, que en una hora con su elocuente predicación.

> Un verdadero predicador predica más en siete días con el ejemplo, que en una hora con su elocuente predicación.

M. El predicador que inspira salvación.

En los propósitos de la predicación el que ocupa el primer lugar es la salvación de las almas. Todo predicador debe tener como objetivo principal, la salvación de sus oyentes.

Cuando Jesús estuvo en la cruz su objetivo era salvar al mundo. Uno de los reos que estaba a su lado exclamó:

"Acuérdate de mí cuando vengas en tu reino". Jesús le respondió: "De cierto te digo que hoy estarás conmigo en el paraíso". (Lucas 23:42,43)

El objetivo se cumplió; el sacrificio de la cruz es para salvar al mundo.

Todo predicador con un llamado santo sentirá el deseo de orar, ayunar y prepararse espiritualmente. El mensaje expuesto debe llevar la unción salvadora del

Espíritu de Dios; unción que convenza y convierta a los pecadores a Cristo.

> El mensaje expuesto debe llevar la unción salvadora del Espíritu de Dios; unción que convenza y convierta a los pecadores a Cristo.

Debemos estar bien centrados en el propósito.

Jesús dijo:

"Porque el hijo del hombre vino a buscar y a salvar lo que se había perdido". (Lucas 19:10)

Y agrega:

"Yo he venido para que tengan vida y para que la tengan en abundancia". (Juan 10:10b)

Todos los predicadores somos mensajeros e instrumentos de salvación a favor de los perdidos.

La proclamación del apóstol Pablo es firme a favor de la predicación y los perdidos.

"Porque no me avergüenzo del evangelio, porque es poder de Dios para salvación a todo aquel que cree". (Romanos 1:16)

N. El predicador que amplía la visión.

Dios eligió a Abraham para mostrarle los planes y propósitos que Él tenía con la humanidad; sin embargo, para que Abraham comprendiera la dimensión, lo llevó a un monte muy alto, y le mostró toda la extensión territorial, que deseaba darle a él y su descendencia.

"Y Jehová dijo a Abram, después que Lot se apartó de él: alza ahora tus ojos, y mira desde el lugar donde estás hacia el norte y el sur, y al oriente y al occidente. Porque toda la tierra que ves la daré a ti y a tu descendencia para siempre. Y haré tu descendencia como el polvo de la tierra; que si alguno puede contar el polvo de la tierra, tu descendencia será contada". (Génesis 13:14-16)

También le mostró las estrellas del cielo, y le dijo:

"Y lo llevó fuera, y le dijo: Mira ahora los cielos, y cuenta las estrellas, si las puedes contar. Y le dijo: así será tu descendencia". (Génesis 15:5)

Con estas experiencias Dios deseaba ampliarle la visión a su amado amigo.

De la misma manera, la predicación tiene efectos proyectivos, anhelantes y visionarios. La palabra de Dios esta diseña para ampliar nuestra visión.

> La predicación tiene efectos proyectivos, anhelantes y visionarios.

El ministerio del Espíritu Santo es visionario. Está profetizado que en estos tiempos finales, la unción del Espíritu de Dios traerá profetas, visiones y sueños.

"En los postreros días dice Dios, derramaré de mi Espiritu sobre toda carne, y vuestros hijos y vuestras hijas profetizarán; vuestros jóvenes verán visiones, y vuestros ancianos soñarán sueños; y de cierto sobre mis siervos y sobre mis siervas derramaré de mi Espiritu y profetizarán". (Hechos 2:17,18)

Está comprobado por la palabra de Dios, que Dios obra a través de nuestros deseos y sueños.

Dios anhela que prediquemos los grandes sueños que Él tiene para sus hijos.

CAPÍTULO III

LA BASE DE LA PREDICACIÓN

El diseño perfecto

Las Sagradas Escrituras son el diseño perfecto de Dios, contiene la perfecta voluntad de Dios. Está garantizado, que todo ser humano que viva los principios de la palabra de Dios, tiene el éxito completo y asegurado para su vida presente, y futura, y eterna.

> Está garantizado, que todo ser humano que viva los principios de la palabra de Dios, tiene el éxito completo y asegurado

El Dr, Charles Blair decía y repetía en una de sus conferencias:

"El éxito en la vida está en encontrar la voluntad de Dios y hacerla".

La palabra de Dios, es su voluntad.

A. El fundamento inconmovible.

La palabra de Dios es el fundamento inconmovible de la predicación. El predicador objetivo se fundamenta en los pensamientos santos y sabios registrados en el texto Sagrado.

> La predicación es una ciencia que transforma vidas, por la base sabia de las Sagradas Escrituras, y por el contenido de la imagen del Dios todo poderoso que proyecta.

La predicación es una ciencia que transforma vidas, por la base sabia de las Sagradas Escrituras, y por el contenido de la imagen del Dios todo poderoso que proyecta.

El Antiguo Testamento dibuja con excelencia y maestría profética las cualidades del Mesías, el Hijo de Dios. Con más de 750 profecías el Antiguo Testamento se puede definir, como la base del Nuevo Testamento. El Nuevo Testamento es la manifestación del Hijo de Dios, registrada y fundamentada en el Antiguo Testamento; de la misma manera, la palabra de Dios es la base de toda bendición y de nuestra predicación.

La Biblia declara que será bienaventurado y muy feliz el que se deleita y fundamenta en la palabra de Dios.

"Bienaventurado el varón... Que en la ley de Jehová está su delicia, y en su ley medita de día y de noche. Será como árbol plantado junto a corrientes de aguas, que da su fruto a su tiempo y su hoja no cae, y todo lo que hace prosperará" (Salmo 1:1-3).

B. El poder de la palabra viva.

Uno de los problemas del ser humano es crecer espiritualmente; si una persona descuida su comunión con Dios, y descuida también la palabra de Dios, puede caer, y decrecer espiritualmente.

Se hace necesario mantener a los oyentes con la esencia de la vida divina, y esto se hace solamente con la palabra viva.

"La fe viene por el oír y el oír por la palabra (rema) de Dios". (Romanos 10:17)

Una cosa es escuchar un discurso (cualquier persona lo puede hacer) y otra es escuchar la rema de Dios. La rema es la palabra creadora de Dios.

"Por la fe entendemos haber sido constituido el universo por la palabra (la rema) de Dios. De modo que lo que se ve fue hecho de lo que no se veía". (Hebreos 11:3)

Sabemos que el mundo que vemos, fue hecho de lo que no se veía, por la palabra (rema) de Dios.

"Dios dijo sea la luz, y fue la luz" (Génesis 1:3).

Así es la manifestación de la palabra viva. El predicador objetivo sabe cuándo está dando un discurso y

Una cosa es escuchar un discurso (cualquier persona lo puede hacer) y otra es escuchar la rema de Dios. La rema es la palabra creadora de Dios.

cuándo el Dios vivo habla a través de él. La palabra viva produce vida.

Jesús dijo:

"El espíritu es el que da vida; la carne para nada aprovecha; las palabra que yo os he hablado son espíritu y son vida". (Juan 6:63)

Dios anhela predicadores ungidos por su Espiritu, que produzcan una palabra con Espiritu vivificante.

La humanidad necesita la rema vivificante.

C. La esencia de la palabra del Dios Viviente.

La palabra de Dios tiene propósito, la palabra del Dios Vivo es una palabra creadora; cuando Dios habla las cosas suceden.

Dios habló a Ezequiel:

"Hijo de hombre, ¿vivirán estos huesos? Y dije: Señor Jehová, tú lo sabes. Me dijo entonces: Profetiza sobre estos huesos, y diles: Huesos secos, oíd palabra de Jehová" (Ezequiel 37: 3-4).

El predicador objetivo debe saber que la esencia de la palabra produce lo sobrenatural.

Ezequiel profetizó y todo cambió. Si predicamos la palabra viva, y conocemos el poder que contiene en su esencia; entonces estamos predicando, y compartiendo vida, y milagros a los hombres. Los huesos se juntarán; lo dividido se unirá. Saldrán tendones, entonces lo paralizado se levantará y actuará; también profetizarás espíritu de vida, aliento de vida; entonces lo muerto volverá a tener vida.

"Dios dijo: Y profeticé como me había mandado, y entró espíritu en ellos, y vivieron, y estuvieron sobre sus pies; un ejército grande en extremo. Me dijo luego: Hijo de hombre, todos estos huesos son la casa de Israel. He aquí, ellos dicen: Nuestros huesos se secaron, y pereció nuestra esperanza, y somos del todo destruidos. Por tanto, profetiza, y diles: Así ha dicho Jehová el Señor: He aquí yo abro vuestros sepulcros, pueblo mío, y os haré subir de vuestras sepulturas, y os traeré a la tierra de Israel. Y sabréis que yo soy Jehová, cuando abra vuestros sepulcros, y os saque de vuestras sepulturas, pueblo mío. Y pondré mi Espíritu en vosotros, y viviréis, y os haré reposar sobre vuestra tierra; y sabréis que yo Jehová hablé, y lo hice, dice Jehová". (Ezequiel 37: 10-14)

La esencia viva de la palabra hará que los oyentes se restauren, vuelvan a vivir; ser felices y poderosos; de esta manera, El Señor cumplirá su propósito en nosotros los predicadores y oyentes, por medio de su esencia viva, a través de la palabra viva del Dios Viviente.

"Porque la palabra de Dios es viva y eficaz, y más cortante que toda espada de dos filos; y penetra hasta partir el alma y el espíritu, las coyunturas

y los tuétanos, y discierne los pensamientos y las intenciones del corazón". (Hebreos 4:12)

La palabra viva está disponible para los predicadores que crean y paguen el precio de la oración.

D. La pureza de la palabra incorruptible.

Para concluir este capítulo quiero hacer énfasis en la pureza de la palabra predicada.

El señor Jesucristo plantea unas frases alegóricas sobresalientes:

"¡Generación de víboras! ¿Cómo podéis hablar lo bueno, siendo malos? Porque de la abundancia del corazón habla la boca".

"El hombre bueno, del buen tesoro del corazón saca buenas cosas; y el hombre malo, del mal tesoro saca malas cosas". (Mateo 12: 34-35)

De esta manera, se fundamenta que la pureza de la predicación sale de corazones puros. Un predicador objetivo debe comprender, que Dios escoge a hombres y mujeres de corazón puro, como mensajeros de su evangelio.

> Solo se puede ser predicador genuino, cuando se ha sido transformado por la palabra de Dios.

La experiencia de transformación de la palabra, debe ser la vivencia primaria del predicador. Solo se puede ser predicador genuino, cuando se ha sido transformado por la palabra de Dios.

Jesús les dijo a sus discípulos:

"Ya vosotros estáis limpios por la palabra que os he hablado". (Juan 15:3)

Lo primero que Jesús hizo, fue limpiar y transformar a sus discípulos, por medio de su palabra pura. Pues la misión de ellos era llevar mucho fruto y que su fruto permaneciera.

Nuestra pureza interior hará que nuestro mensaje sea fructífero.

CAPÍTULO IV

LA PREDICACIÓN PRODUCTIVA

Frutos sin límites

El predicador que desee tener resultados en su mensaje, debe comprender algunos principios que le permitan alcanzar frutos significativos; y lograr así, el nivel de la predicación productiva.

A. La buena tierra.

Cuando Jesús nos habló de la Psicología (conducta) de la evangelización, nos planteó diferentes conductas frente a la palabra de Dios, y sus resultados.

Se puede ver el corazón duro que no tiene propósito con Dios. Es aquella semilla que cae sobre el camino y satanás (adversario) el enemigo de la palabra se la roba, y no puede dar fruto.

La segunda ilustración muestra la palabra en el corazón emotivo; la recibe con gozo; pero con las circunstancias y la presión social, se desaniman, no continúan, y no dan fruto.

La tercera conducta es todavía más complicada. Son aquellas personas enredadas con diferentes adicciones o conflictos raíces de la personalidad, como son: las amarguras, el amor al dinero, la inmoralidad, y los afanes de la vida.

La cuarta conducta es ilustrada como la buena tierra, que da frutos sin límites. Es la gente con corazón bueno y recto; estos oyen, y retienen la palabra oída, su fruto es constante, y multiplicador a treinta, sesenta y ciento por uno.

Tenemos grandes retos como predicadores.

> Nuestra meta debe ser transformar todo terreno en buena tierra.

Lo primero que debemos hacer es examinarnos, y ser objetivos con nosotros mismos. ¿Qué debemos superar, para alcanzar el máximo potencial? Otra cosa importante, es enfocarnos con estrategias que puedan derribar las fortalezas que hayamos detectado; además, refugiarnos en la Unción del Espíritu.

Con el testimonio de nuestra transformación, los fundamentos de la palabra de Dios, y el poder del Espiritu Santo, podremos transformar la dureza de los corazones, en dóciles; además, desarrollar una estrategia consolidadora y fundamentada, para llevar a nuestros creyentes a la firmeza, y a un proceso constante de formación; logrando así, la liberación de las vidas confundidas.

Nuestra meta debe ser transformar todo terreno en buena tierra.

Jesús en su divina elección nos dice:

"No me elegisteis vosotros a mí, sino que yo os elegí a vosotros, y os he puesto para que vayáis y llevéis fruto, y vuestro fruto permanezca; para que todo lo que pidieres al padre él os lo dé". (Juan 15:16)

Pidamos, cada día en oración, que el poder del Espíritu Santo de la regeneración, sea activo y poderoso en nuestras vidas, para regenerar a otros.

B. Las influencias externas.

En el planteamiento anterior, comenté las conductas frente a la evangelización; demostrando así, que todos estos tipos de comportamientos se dan basados en las influencias externas.

1. Las fuerzas espirituales.

Existen fuerzas espirituales que impiden la siembra de la palabra en el corazón. Jesús las describe como "el malo", "las aves del cielo", refiriéndose a las fuerzas demoniacas.

Estas fuerzas roban, arrebatan la palabra de Dios. El predicador objetivo debe ser ungido para combatir las asechanzas del diablo sobre la gente, y lograr ganarlos para Cristo.

2. Las fuerzas sociales.

Otra fuerza es la influencia social. El mundo está mentalizado, con un espíritu de resistencia, en contra de Dios y sus principios. Gran parte de los tropiezos de las personas para que no crean la palabra de Dios y se salven son los argumentos y opiniones de la gente. Aquí es donde la inteligencia espiritual y objetiva del predicador debe entrar en acción.

Los argumentos de la palabra de Dios, deben ser más poderosos que los argumentos del mundo. La palabra debe llevar a la afirmación a los oyentes.

3. Las fuerzas del mundo.

La tercera y mayor influencia son los enredos que tienen las personas con el mundo, frente a la palabra de Dios. La influencia de la prioridad del dinero y lo material, las dependencias de vicios y desordenes sexuales, los efectos de las heridas ocasionadas por otros; y no puedo pasar por alto, el espíritu de la rebelión. El corazón rebelde tiene problemas para recibir y afirmar la palabra de Dios. Ahí es cuando la sabiduría pastoral debe entrar en procesos liberadores, y la unción de los predicadores debe romper los yugos y las cargas de los oyentes.

C. La buena siembra.

Existen dos clases de siembra registradas en la Biblia: La siembra "del malo", la cual, produce cizaña, y la siembra del predicador de la palabra de Dios.

El malo siembra división, rebelión, odio, herejías, difamación, murmuraciones, etc. El Señor lo ilustra como la cizaña.

Dios es todo lo contrario, siembra amor, propósito, visión, unidad, sujeción, mansedumbre, obediencia, bondad, misericordia, compasión, servicio; a todo esto, Jesús lo denomina "vida abundante".

La siembra debe ser pura, limpia, para que de la misma manera sea el resultado. Dios busca predicadores con corazones buenos, con el carácter firme en la palabra. Solo los buenos hablan lo bueno.

> La siembra debe ser pura, limpia, para que de la misma manera sea el resultado.

"De la abundancia del corazón habla la boca" (Mateo 12:34b)

Solo los predicadores buenos hablan lo bueno. No se puede hablar lo bueno siendo malos.

D. La buena hidratación en la semilla.

Para lograr un buen fruto y una buena cosecha es necesaria una buena hidratación. El agua es un elemento nutritivo y oxigenante que permite la germinación de la semilla.

De la misma manera, el predicador objetivo, comprenderá la disposición frente a los valores espirituales y recursos divinos.

Pablo nos habla acerca de *"...fortalecer el hombre interior por el Espíritu Santo" (Efesios 3:16b)*. Si el hombre interior esta fortalecido por la presencia del Espíritu de Dios, la semilla predicada será poderosa, efectiva y cumplirá su propósito.

> Se requiere de la lluvia del Espíritu, para que el predicador este activamente dispuesto e inspirado para predicar la palabra.

Se requiere de la lluvia del Espíritu, para que el predicador este activamente dispuesto e inspirado para predicar la palabra.

Se requiere de la unción del Espíritu para que la esencia de Dios dirija la palabra.

Se requiere de abundante palabra, para que todo el ser del predicador su boca, su pensamiento, su corazón y sus actitudes sean controladas por los principios divinos.

Para conquistar un territorio y tener éxito, Dios le dio a Josué el siguiente mandamiento:

"Nunca se apartará de tu boca este libro de la ley, sino que de día y de noche meditarás en él, para que guardes y hagas conforme a todo lo que en él está escrito; porque entonces harás prosperar tu camino, y todo te saldrá bien" (Josué 1:8).

Lo mismo se requiere hoy para nosotros los predicadores. Llenemos de la palabra viva la mente, el corazón, los labios y las acciones, para que seamos arboles junto a corrientes de aguas, que demos fruto a su tiempo, y vivamos con la alegría de nuestras hojas verdes, y todo lo que hagamos prospere. Permitamos que dentro de nuestro interior corran los ríos de agua viva del Espiritu Santo.

E. El Espíritu de Cristo en el predicador.

Mi deseo es que cada predicador sea abundantemente productivo.

Toda predicación debe ser Cristo céntrica. El predicador objetivo debe estar enamorado de todos los aspectos espirituales e inspiracionales de Jesús. El Espíritu de Cristo en nosotros producirá la actitud y el poder espiritual que se requiere; asi, se evitará, la carnalidad, el materialismo y el control mundanal.

El apóstol Pablo afirma:

"Si alguno no tiene el Espíritu de, Cristo no es de él". (Romanos 8:9)

El Espíritu de Cristo reflejará en nosotros amor, bondad, compasión, paz, misericordia, servicio, santidad, humildad, fe, generosidad, firmeza, etc. Todas estas virtudes se reflejarán en cada planteamiento de la predicación.

Se puede identificar a un predicador objetivo porque predica a Cristo, muestra a Cristo en todos los aspectos de su personalidad, y es feliz con Cristo.

Los predicadores objetivos nos deleitamos en ser como Jesús, deseamos que la gente vea a Cristo en nosotros, nunca queremos dejar

Se puede identificar a un predicador objetivo porque predica a Cristo, muestra a Cristo en todos los aspectos de su personalidad, y es feliz con Cristo.

de ser como Él. Nos gusta lo que predicamos, pero nos gusta más lo que somos en Cristo.

Realmente, es muy hermoso compartir con un predicador que lleva en él, el Espíritu de Cristo.

CAPÍTULO V

LA SOLIDEZ EN LA PREDICACIÓN

Frutos Eternos

Una de las grandes metas que debe tener todo predicador objetivo, es que su fruto permanezca. En este capítulo, trataré aspectos fundamentales que permiten la solidez y la permanencia de la predicación en los corazones.

A. El propósito.

El sabio sabe dónde caerá la gota de agua.

El predicador objetivo sabe para dónde va, cada vez que predica. El predicador sabio sabe el efecto de sus palabras, los alcances y resultados que producen. Él sabe cuándo da un paso en su predicación, que tanto avanza, que bendición real y genuina está dejando en sus oyentes.

> El predicador sabio sabe el efecto de sus palabras, los alcances y resultados que producen.

Plantear bien un propósito u objetivo en una predicación no es fácil. El propósito en cada predicación debe ser bien preciso. Es recomendable para alcanzar bien un propósito en la predicación, plantear el objetivo lo más específicamente posible. Se considera que lo general es impráctico.

Cada predicación debemos verla como una pequeña semilla, la cual producirá un gran bosque. No debemos ahogar a los oyentes lanzándoles encima el bosque, solamente debemos entregarle la semilla.

Solo un propósito cada vez, que sea recordado, que sea inspirador, que sea practicable.

Veamos algunos propósitos.

B. El propósito de alcanzar almas.

Se dice que una noche Carlos Spurgeon (denominado el príncipe de los predicadores), predicó en Chicago a más de tres mil almas. Sintió que lo había hecho bien, la gente aplaudió su bello discurso; pero, solo faltó un pequeño, pero muy significativo detalle: no invitó al auditorio a la conversión y ni al arrepentimiento y ni a la entrega a Cristo.

Aquella noche Chicago se incendió. Muchos murieron calcinados. Y el príncipe de los predicadores quedó con una dolorosa tristeza y un profundo sentimiento de culpa. Confiesa, que aquel día comprendió, que Dios no lo había llamado a divertir a la gente, ni a otra cosa. Solo a ganar las almas para el reino de Dios.

El predicador que sabe para qué existe, llevará las almas a Cristo, en cada predicación. No importa el enfoque o tema, toda predicación en su aplicación y conclusión debe llevar al oyente a los pies de Cristo.

Dentro de toda conclusión de la predicación incluya siempre la oración de arrepentimiento, conversión y entrega a Cristo.

El apóstol Pedro nos exhorta:

> El predicador que sabe para qué existe, llevará las almas a Cristo, en cada predicación.

"Más vosotros sois linaje escogido, real sacerdocio, nación santa, pueblo adquirido por Dios, para que anunciéis las virtudes de aquel que os llamó de las tinieblas a su luz admirable". (I Pedro 2:9)

Dios nos llama a ser predicadores de salvación.

C. El propósito de afirmar nuevos creyentes.

Generalmente en un auditorio hay personas que necesitan conocer profundamente a Jesús, y personas que requieren afirmar más su corazón en Dios, en la palabra y en la familia de Dios.. Especialmente los nuevos convertidos, constantemente requieren aprender principios doctrinales básicos, que los puedan afirmar, de manera sana en la fe.

El propósito de afirmar creyentes siempre debe estar presente en cada predicación. Deje en cada predicación un principio doctrinal, teológico, ético, que pueda afirmar la fe, de los nuevos hijos de Dios. Asi, se cumplirá el propósito de afirmar.

> El propósito de afirmar creyentes siempre debe estar presente en cada predicación.

No es fácil ser un predicador objetivo; especialmente cuando estamos conscientes de los diversos pensamientos y niveles espirituales de los oyentes. Pero, algo que debemos tener en cuenta, es que toda persona necesita afirmar su vida en el propósito de Dios.

Debemos sembrar salvación en las almas perdidas; además, regar con la palabra a los nuevos creyentes.

Pablo orienta a los predicadores:

"Yo planté, Apolos regó; pero el crecimiento lo ha dado Dios". (I Corintios 3:6)

Existe la predicación que alcanza las almas; pero, también la que afirma almas; el resultado del crecimiento lo dará el Señor, por medio del efecto vivo de su palabra viva.

D. El propósito de adiestrar poderosos discípulos.

Al continuar con los propósitos de la predicación, quiero avanzar con el propósito de adiestrar poderosos discípulos.

Además, de ganar almas a Cristo, y afirmar en la fe; es necesario adiestrar nuevos líderes, para el ministerio. Uno de los grandes objetivos de los ministros de Dios es transformar a los nuevos creyentes en poderoso discípulos. Las grandes iglesias de hoy nos han demostrado que la iglesia crece a medida que el liderazgo crece. Por tal razón, el predicador objetivo debe estar involucrado en la visión de crecimiento, con la iglesia de hoy.

Muchas iglesias de hoy, no les gusta invitar predicadores; pues estos predicadores carecen de objetividad en la visión y en el propósito de crecimiento que proyectan dichas congregaciones. Esto demuestra que el predicador debe ubicarse dentro de los propósitos de crecimiento de la iglesia actual, y estar de acuerdo con la visión local.

> Uno de los grandes objetivos de los ministros de Dios es transformar a los nuevos creyentes en poderoso discípulos.

Los cinco ministerios deben tener en cuenta, el propósito de preparar a los santos, para la obra del ministerio. Desde que entregué mi vida al Señor he escuchado diferentes enfoques sobre los cinco ministerios; sin embargo, según el texto sagrado, el propósito es único:

"Perfeccionar a los santos para la obra del ministerio, para la edificación del cuerpo de Cristo". (Efesios 4:12)

E. El propósito de avanzar en nuevos territorios.

La visión de Cristo es extraordinaria. *"Hasta lo último de la tierra"*. En su última predicación, Jesús inspiró a sus discípulos, a ir más allá de Jerusalén. Fue una palabra profética e inspiracional, cada discípulo sabía lo que el maestro eterno esperaba.

Su visión era de alcance concéntrico. Es como cuando se arroja una piedra al centro de un lago. Los círculos se expanden hasta cubrirlo todo. De la misma menara, uno de los objetivos de la predicación es llevar a los oyentes a avanzar e invadir todo el territorio universal para Cristo.

Su visión era de alcance explosivo. Jesús les dijo: *"Recibiréis poder"*. Poder es una poderosa palabra que viene del griego "Dunamis". De esta raíz salieron las palabras dinamita, que produce una onda explosiva incalculable. La palabra dinamo, el cual produce energía e iluminación; también la palabra dinámica, la cual es una fuerza en constante movimiento. Dunamis es aquella fuerza que nos capacita para hacer aún lo sobrenatural. Es la fuerza que no nos permite quedarnos estáticos; es la fuerza que nos nueve a alcanzar al mundo para Cristo.

> El propósito de la predicación objetiva es convertir a cada discípulo en un portador del dunamis del Espíritu de Dios.

El propósito de la predicación objetiva es convertir a cada discípulo en un portador del dunamis del Espíritu de Dios, y comisionar a cada soldado a conquistar el territorio del enemigo para Dios.

Nuestro Rey Jesús, primero se presentó, como ejemplo del respaldo Divino.

"El Espiritu del Señor está sobre mí, por cuanto me ha ungido para dar buenas nuevas a los pobres; me ha enviado a sanar a los quebrantados de corazón; a pregonar libertad a los cautivos, y vista a los ciegos; a poner en libertad a los oprimidos; a predicar el año agradable del Señor". (Lucas 4:18)

Y luego llamo sus doce.

"Y llamó así a los que él quiso, y vinieron a él. Y estableció a doce para que estuviesen con él, y para enviarlos a predicar, y que tuviesen autoridad para sanar enfermedades, y para echar fuera demonios". (Marcos 3:13-15)

Después reclutó a setenta, con la misma descripción de funciones y equipamiento.

"Volvieron los setenta con gozo, diciendo: Señor, aun los demonios se nos sujetaban en tu nombre. Jesús les dijo: Yo veía a Satanás caer del cielo como un rayo. He aquí os doy potestad de pisar serpientes y escorpiones, y sobre toda fuerza del enemigo, y nada os dañará". (Lucas 10:17-20)

Más adelante reclutó a ciento veinte; y por último, a todo aquel que cree.

"Y les dijo: Id por todo el mundo y predicad el evangelio a toda creatura. El que creyere y fuere bautizado, será salvo; más el que no creyere, será condenado. Y estas señales seguirán a los que creen; en mi nombre echarán fuera demonios; hablarán nuevas lenguas; tomarán en las manos serpientes, y si bebieren cosas mortíferas no les hará daño; sobre los

enfermos pondrán sus manos, y sanarán". (Marcos 16:15-18)

Después de resucitado, sopló sobre sus discípulos el Espiritu de la unción, y los equipó con la misma misión y el mismo respaldo de Él.

Y les dijo:

"Como me envío el padre, así también yo os envío" (Juan 20:21)

Tenemos nuevos territorios por conquistar, avancemos con el poder de Dios. Con el propósito claro, por el cual el Señor nos ungió, como predicadores.

F. El propósito de adorar al Dios Supremo.

El alcanzar almas, afirmar a los nuevos convertidos, y adiestrarlos en discípulos poderosos; y avanzar por el mundo con el evangelio del Reino de Dios, nos debe llevar a una profunda adoración; pues, ella es la fuerza y la estrategia que nos levanta a alcanzar grandes resultados.

Otro propósito que el predicador objetivo debe conocer y promover es la alabanza y la adoración. Estas crean el ambiente espiritual bendecido con la presencia de Dios; combate la adversidad satánica, crea la atmosfera para una presencia de Dios profunda, milagrosa y sobrenatural.

Todo lo que el predicador haga sea de palabra o de hecho, debe exaltar y adorar al Hacedor de maravillas. La predicación debe estar impregnada de adoración a la Deidad eterna.

Revisemos el espíritu de nuestra predicación. ¿Lo hacemos para que nos admiren? ¿Para alcanzar más imagen? ¿Para qué nos aplaudan? ¿Para qué nos pongan en el primer lugar de los adorados? ¿Para hacernos notar como los más significativos? ¿O sencilla o majestuosamente para que el Señor sea exaltado, magnificado y glorificado? Nuestra excelencia en la alabanza nos premiará nuestra dignidad.

Recuerde siempre: las grandes manifestaciones sobrenaturales, se alcanzan en un ambiente de adoración. Revise el ambiente de las grandes reuniones de milagros y podrá descubrirlo. Todo se mueve y se inspira en un altar de adoración a Dios.

> Todo lo que el predicador haga sea de palabra o de hecho, debe exaltar y adorar al Hacedor de maravillas.

La victoria del rey Josafat estuvo en la alabanza.

"Y cuando se levantaron por la mañana, salieron al desierto de Tecoa. Y mientras ellos salían, Josafat, estando en pie, Dijo: Oídme, Judá y moradores de Jerusalén: Creed en Jehová vuestro Dios y estaréis seguros; creed a sus profetas, y seréis prosperados. Y habido consejo con el pueblo, puso a algunos que cantasen y alabasen a Jehová, vestidos de ornamentos sagrados, mientras salía la gente armada, y que dijesen: Glorificad a Jehová, porque su misericordia es para siempre. Y mientras comenzaron a entonar cantos de alabanza, Jehová puso contra los hijos de Amón, de Moab y del monte de Seir, las emboscadas

de ellos mismos que venían contra Judá, y se mataron los unos a los otros". (2º Crónicas 20:20-22)

Esto es objetividad. En la adoración está la victoria.

G. Los milagros en la predicación.

Los milagros y las manifestaciones sobrenaturales de Dios tienen propósitos edificantes. Como es edificar la fe de los incrédulos y de los mismos creyentes; aun he creído que nosotros los ministros del Dios Viviente, necesitamos estar edificados en un ambiente de milagros, y de lo sobrenatural constantemente.

Pablo, como predicador, conoce este principio:

*"Para que vuestra de fe no este fundamentada en la sabiduría de los hombres; sino en el poder de Dios".
(1 Corintios 2:5)*

> Los milagros y las manifestaciones sobrenaturales de Dios tienen propósitos edificantes.

Un milagro es una alteración de la ley natural establecida en nuestra mente. Hay cosas que no comprendemos, y para nosotros, ver la acción directa de Dios transformando algo, nos parece una alteración de lo natural; sin embargo, un milagro es la sencilla acción de Dios, sobre algo o alguien, de manera diferente a nuestros conceptos o percepciones.

Los milagros son parte de la palabra de Dios. Un predicador debe estar preparado; y para él debe ser normal, que si predica la palabra sobrenatural de Dios, sucedan cosas sobrenaturales.

El predicador objetivo debe permitirle a Dios obrar. No le quitemos este derecho al Dios vivo, él es el dueño de la palabra viva.

Todo milagro es una señal que edifica la fe en el Señor; tanto para el que lo recibe como para el que lo ve. Nunca es para hacer crecer el ego en el predicador, sino para exaltar al Dios y Hacedor de todas las cosas.

> Un predicador debe estar preparado; y para él debe ser normal, que si predica la palabra sobrenatural de Dios, sucedan cosas sobrenaturales.

H. Las sanidades en la predicación.

Uno de los propósitos por los cuales Jesús vino al mundo, fue destruir las obras del diablo.

El apóstol Pedro afirma:

"Cómo Dios ungió con poder a Jesús de Nazaret; y éste anduvo haciendo bienes, sanando los oprimidos por el diablo, porque Dios estaba con él". (Hechos 10:38)

Mateo, aclara específicamente, el ministerio de sanidad de Jesús:

"Recorría Jesús todas las ciudades y aldeas, enseñando en las sinagogas de ellos, y predicando el

evangelio del reino, y sanando enfermedad, y toda dolencia en el pueblo". (Mateo 9:35)

El ministerio completo de Jesús contenía enseñanza, predicación, sanidades y milagros.

Cuando Jesús comisiona a sus doce, los envía a predicar, y les da autoridad para echar fuera demonios, y para sanar toda enfermedad. De la misma forma el Señor equipa a sus setenta, y promete que este ministerio sobrenatural es para todos los creyentes.

"Entonces llamando a sus doce discípulos, les dio autoridad sobre los espíritus inmundos, para que los echasen fuera, y para sanar toda enfermedad y toda dolencia". (Mateo 10:1)

Cuando Jesús comisionó a los setenta, les dijo:

"En cualquier ciudad donde entréis y os reciban, comed lo que os pongan delante; y sanad a los enfermos que en ella haya, y decidles: se ha acercado a vosotros el reino de Dios". (Lucas 10:8-9)

Cuando los setenta dieron su informe fue muy positivo:

"Volvieron los setenta con gozo, diciendo: Señor, aun los demonios se nos sujetan en tu nombre y Jesús les dijo: yo veía a satanás caer del cielo como un rayo. He aquí os doy potestad de hollar serpientes y escorpiones y sobre toda fuerza del enemigo y nada os dañará". (Lucas 10:17-19)

Para confirmar el ministerio de sanidad y milagros a todos los creyentes, Jesús dijo:

"Y estas señales segui-
rán a los que creen, en mi
nombre echarán fuera de-
monios; hablarán nuevas
lenguas; tomarán en las
manos serpientes, y si be-
bieren cosa mortífera no
les hará daño; sobre los
enfermos pondrán sus ma-
nos, y sanarán". (Marcos
16:17,18)

Toda sanidad es para la gloria de Dios. Todo predicador objetivo, dará el tiempo para la obra sanadora, y dará la gloria a Dios por cada milagro de sanidad.

Toda sanidad es para la gloria de Dios. Todo predicador objetivo, dará el tiempo para la obra sanadora, y dará la gloria a Dios por cada milagro de sanidad.

I. Las liberaciones en la predicación.

El Apóstol Pedro en una de sus predicaciones, afirma acerca de Jesús:

"Cómo Dios ungió con el Espíritu Santo, y con po-
der a Jesús de Nazaret, y como este anduvo hacien-
do bienes, y sanando a todos los oprimidos por el
diablo, porque Dios estaba con él". (Hechos 10:38)

Estas son las palabras del testimonio personal de Pedro. Pedro había visto personal y directamente a Jesús, cómo obró Jesús, sanando a mucha gente oprimida por demonios: Jorobados, lunáticos, ciegos, mudos y endemoniados.

El evangelista Mateo afirma:

"Y cuando llegó la noche, le trajeron muchos endemoniados; y con la palabra echó fuera a los demonios, y sanó a todos los enfermos; para que se cumpliese lo dicho por el profeta Isaías, Cuando dijo: el mismo tomó nuestras enfermedades y llevó nuestras dolencias". (Mateo 8:16,17)

Las operaciones de liberaciones la Biblia las describe como sanidades.

El ministerio del Mesías estaba profetizado, como un ministerio de liberaciones:

> Toda liberación debe dar gloria Dios, y no permitir que el orgullo satánico invada nuestro corazón.

"El Espíritu del Señor está sobre mí, por cuanto me ha ungido para dar buenas nuevas a los pobres; me ha enviado a sanar a los quebrantados de corazón; a pregonar libertad a los cautivos, y vista los ciegos; a poner en libertad a los oprimidos". (Lucas 4:18)

Jesús envió a sus doce, a sus setenta, y a todos los creyentes a liberar. Les dio autoridad sobre todos los demonios para echarlos fuera; les dio autoridad sobre toda enfermedad para sanar a los enfermos. Toda liberación debe dar gloria Dios, y no permitir que el orgullo satánico invada nuestro corazón.

Nuestra misión está fundamentada en:

"Toda autoridad me ha sido dada en el cielo y en la tierra. Por tanto, id…" (Mateo 28,19)

Jesús recibió toda autoridad en el cielo y en la tierra, para sanar y liberar, y lo transfirió a su iglesia.

El predicador objetivo es un instrumento de liberación, y debe especializarse en la autoridad delegada por Dios y de la palabra.

El predicador objetivo es un instrumento de liberación, y debe especializarse en la autoridad delegada por Dios y de la palabra.

J. La unción en la predicación.

Recordemos el principio pedagógico de Jesús: todo lo que Jesús hizo, tenía el objetivo, que sus discípulos lo aprendieran, y nosotros también.

"El Espíritu del Señor está sobre mi". (Lucas 4:18)

Esta frase determina que la señal del Mesías era la unción sobre su vida.

En la obediencia bautismal de Jesús, se puede ver en forma literal, la manifestación del Espiritu Santo sobre Él. Tengamos en cuenta esta sencilla palabra: sobre, encima, cubriéndolo. Vino sobre él y permaneció sobre él.

"Cuando Jesús se bautizó subió del agua, y mientras

Recordemos el principio pedagógico de Jesús: todo lo que Jesús hizo, tenía el objetivo, que sus discípulos lo aprendieran, y nosotros también.

oraba vino sobre él, el Espíritu Santo, en forma corporal como de paloma y permaneció sobre él". (Lucas 3:21,22)

Cuando el Espiritu Santo dirigió a Jesús para ir al desierto, habla de la llenura del Espíritu Santo en el Hijo de Dios.

Jesús, lleno del Espiritu Santo, volvió del Jordán, y fue llevado por el Espiritu al desierto". (Lucas4:1)

Cuando inicio su ministerio el vino en el poder del Espíritu Santo.

"Y Jesús volvió en el poder del Espiritu Santo a Galilea, y se difundió su fama por toda la tierra de alrededor". (Lucas 4:14)

La unción lo hizo popular y famoso.

Ahora apliquémoslo a nosotros los predicadores. Jesús habló con sus discípulos:

"He aquí, yo enviare la promesa de mi padre sobre vosotros; pero quedaos vosotros en la ciudad de Jerusalén, hasta que seáis investidos de poder desde lo alto". (Lucas 24:49)

También, les profetiza antes de su partida lo que les va a suceder:

"Pero recibiréis poder, cuando haya venido sobre vosotros el Espiritu Santo, y me seréis testigos en Jerusalén, en toda Judea, en Samaria, y hasta lo último de la tierra". (Hechos 1:8)

Ellos fueron al aposento alto a orar, y lo hicieron por diez días, y cuando llegó el día de pentecostés, fueron llenos del Espíritu Santo; hablaron en otras lenguas, y fueron llenos de poder. Aquel día Pedro predicó y se convirtieron tres mil personas al cristianismo.

Debemos buscar la llenura del Espiritu Santo, hasta que estemos seguros, que esta sobre nosotros, y nos ha sumergido, en el poder de su presencia.

Un predicador objetivo sabe que cada día necesita la unción del Espíritu Santo.

K. La vida abundante en la predicación.

En el libro de "La ciencia de hacerse rico" su escritor afirma: "Si los clérigos y los predicadores de hoy, predicaran la ciencia de la vida abundante, sus auditorios estarían llenos y rebosantes".

Uno de los objetivos, de la venida de Jesús al mundo, fue traer vida abundante:

"Yo he venido para que tengan vida y para que la tengan en abundancia". (Juan 10:10b)

La persona que logra conocer la vida abundante que da Jesucristo, nunca se apartará de él; no importa lo que tenga que enfrentar será fiel hasta la muerte.

Cuando un predicador no conoce, y no disfruta la ciencia de la vida abundante; realmente, se puede afirmar que no sabe lo que predica. Hay muchos predicadores que hablan lo que otros dicen, pero en esencia no saben porque lo dicen.

> La persona que logra conocer la vida abundante que da Jesucristo, nunca se apartará de él; no importa lo que tenga que enfrentar será fiel hasta la muerte.

Un predicador objetivo conoce la ciencia de la vida abundante, y lleva a los demás a disfrutarla. Cristo es vida abundante, su evangelio es la vida abundante; contiene una vida santa de alegría, salud, prosperidad, finanzas estables, la acción sobrenatural de Dios, realización familiar y personal. La voluntad de Dios contiene la vida abundante.

CAPÍTULO VI

LOS OBSTÁCULOS EN LA PREDICACIÓN

Toda ciencia tiene obstáculos en su interpretación; de la misma manera, la ciencia de la predicación. Veamos algunos:

A. Las doctrinas erróneas.

El predicador objetivo debe comprender que todo auditorio tiene mitos, costumbres, y diferentes significados en sus códigos de comunicación; además, interpretaciones diferentes de Dios y sus creencias. Una de las grandes murallas en la mente del oyente son sus barreras doctrinales. Debemos comprender que venimos de un mundo que tiene diferentes mitos y creencias.

Dentro de las barreras, también están las estrategias de Satanás, enseñarle a la humanidad conceptos erróneos, y afirmarlos en ellos para que no crean y se salven. El propósito de satanás es bloquear e impedir que se crea en la verdad; esta es la razón por la cual, los predicadores debemos ser sólidos y fundamentados poderosamente en

> Es más fácil convencer a la humanidad en medio de gente santa, que rodeada de gente impía con una Biblia en la mano. El éxito de los grandes predicadores esta en predicar con el ejemplo.

las Sagradas Escrituras. Y en la oración de liberación espiritual de las mentes.

Un predicador objetivo ama la fundamentación bíblica; vive el sagrado texto; predica principios divinos, y convence con su amor, y con el efecto y el éxito de la palabra de Dios en su vida. Es más fácil convencer a la humanidad en medio de gente santa, que rodeada de gente impía con una Biblia en la mano. El éxito de los grandes predicadores esta en predicar con el ejemplo.

En esta área el apóstol Pablo, exhorta a su discípulo y predicador Tito:

"Presentándote tú en todo como ejemplo de buenas obras; en la enseñanza mostrando integridad, seriedad, palabra sana e irreprochable, de modo que el adversario se avergüence, y no tenga nada malo que decir de vosotros". (Tito 2:7,8)

B. Las tradiciones culturales.

El predicador objetivo debe ser transcultural.

Otro de los obstáculos que debe enfrentar el predicador son las tradiciones culturales. Existe el evangelismo cultural. Son grupos sociales de diferentes regiones del mundo; ellos no tienen mentalidad global: consideran que Dios solo ama y acepta su cultura; su manera de vivir, su forma de comer, de vestirse; consideran que el mundo entero está equivocado, en pecado, es mundano y está condenado; porque no siguen sus costumbres.

Para predicarle a estos grupos, el predicador debe vestirse como ellos, comer como ellos, para ser aceptado. El problema se da cuando el predicador quiere predicar la verdad objetiva; tiene muchas barreras, pues los oyentes no están interesados en que se les hable de Cristo y sus bendiciones; sino de sus costumbres y tradiciones; además, si el predicador no hace llorar a las mujeres exhortándoles a la sujeción al hombre, y su manera de vestir, no está predicando la sana doctrina. En estos grupos del evangelio cultural, se inclina mucho el machismo, existen muchas leyes aplicadas para mujeres y una o dos para hombres (cuando existe alguna).

C. Los prejuicios.

Los prejuicios que traen las personas al escuchar la palabra de Dios son grandes barreras para creer en ella. Los conceptos erróneos, las formas culturales y tradicionales, y los malos ejemplos de los falsos cristianos, producen prejuicios en los no creyentes. Frente a una comunidad prejuiciada se hace muy difícil la evangelización y la afirmación de la fe. Pero, si es posible.

El predicador objetivo debe llevar a sus oyentes a la reflexión, al análisis; por medio de una mansa confrontación con la palabra de Dios. Cuando el predicador se encuentra con grupos sociales que consideran que sus costumbres religiosas y culturales son la base de su salvación, debe ingresar con cautela, no chocarse con ellos; sino mostrar con sabia mansedumbre la base fundamental de la salvación en Cristo.

El buen ejemplo, como es la moral sexual, la honestidad económica, la paz cristiana entre todos, y hacerles ver por medio de la palabra de Dios, que cada nación del mundo es muy amada, y aceptada por Dios, con sus diferentes costumbres culturales. Los principios correctos de la palabra de Dios les ayudará en su superación; De esta manera, poco a poco, los prejuicios culturales irán desapareciendo, y ellos se convertirán en verdaderos cristianos y luz para las naciones.

Es bastante complicado predicar en lugares donde los malos testimonios de inmoralidad han invadido pueblos y ciudades enteras. Donde grupos religiosos difamadores se pasan murmurando de los otros pastores y de las otras iglesias. Estos lugares o regiones están prejuiciadas por los testimonios negativos. Se crean grandes barreras; la gente no cree, se burla de los predicadores; murmuran del cristianismo; ven la palabra de Dios como algo erróneo y falso. Los malos testimonios son los más grandes obstáculos para los predicadores.

Conocí una pequeña población en los Estados Unidos, donde los tres pastores anteriores habían salido por adulterio y hurto. La gente no quería saber del evangelio ni ir a la iglesia, pero llegó un joven serio, con su esposa, y sus dos niñas comenzaron a acercarse a la comunidad, y a ser buenos, y ejemplares en todo. En poco tiempo la gente comenzó aceptarlos, y poco a poco, después de dos años tenían una bonita iglesia. Lo bello destruye lo feo, lo santo del presente brilla más que el pecado del pasado.

D. La actitud.

La actitud es la inclinación que tenemos frente a las cosas, sea buena o mala, positiva o negativa. La actitud determina la decisión; también si se hacen las cosas o no. La actitud nos paraliza o nos lleva a la luna; la actitud es la incredulidad que no puede, o la fe que todo lo puede. La fe verdadera es la mejor actitud.

El predicador objetivo debe comprender la actitud del auditorio. Un mundo en pecado tendrá resistencia a la palabra; sin embargo la palabra sólida, las ventajas de la vida abundante y las garantías de la salvación en Cristo Jesús, pueden hacer cambiar cualquier actitud incrédula, por resistente que sea; de la misma manera, un evangelio dudoso, un predicador que proyecta miseria y resentimiento puede fortalecer la actitud resistente del oyente; por estas razones, el predicador debe ser objetivo, sabio y poderoso.

E. El orgullo.

Veamos al orgullo como una actitud altiva del oyente.

Pablo guiado por el Espíritu Santo analiza la actitud altiva del oyente, y dice:

"Derribando todo argumento y pensamiento altivo que se levanta contra el conocimiento de Dios". (2 Corintios 10:5)

Las mentes humanas tienen argumentos altivos y resistentes, que no permiten la obediencia a la palabra.

Pablo continua fundamentando esta verdad.

"Castigando toda desobediencia hasta que vuestra obediencia sea perfecta". (2 Corintios 10:6)

Desde el pecado de Adán, la rebelión, la altivez y el orgullo invadió el corazón del hombre.

La inteligencia objetiva del predicador debe conducir al auditorio al análisis, y al reconocimiento de la condición de pecado, a la humillación y llevarlo de rodillas a los pies de Cristo. La conversión es permitirle a Jesús que tome el control de nuestro "yo".

F. Los argumentos.

Para ser un predicador objetivo es necesario conducir al creyente al análisis, a la reflexión, y al arrepentimiento; de tal manera, que el oyente pueda derribar todo argumento de su mente, por el efecto de la palabra de Dios.

El verdadero arrepentimiento consiste en cambiar la manera de pensar. Este cambio determina destruir, derribar y quitar todo argumento.

El apóstol Pablo como predicador plantea la forma:

"Las armas de nuestra milicia no son carnales, sino poderosas en Dios para la destrucción de fortalezas. Derribando todo argumento". (2 Corintios 10:4,5)

El predicador objetivo es poderoso en Dios, derriba fortalezas, y destruye argumentos, con la palabra viva de Dios. La poderosa voz de Dios tiene poder para derribar, destruir toda barrera que se levanta contra el conocimiento del evangelio.

> El verdadero arrepentimiento consiste en cambiar la manera de pensar. Este cambio determina destruir, derribar y quitar todo argumento.

La palabra de Dios es viva, llena de unción del Espíritu Santo, y llena de sabiduría divina.

"Porque la palabra de Dios es viva y eficaz, y más cortante que toda espada de dos filos; y penetra hasta partir el alma y el espíritu, y las coyunturas y los tuétanos, y discierne los pensamientos y las intenciones del corazón". (Hebreos 4:12)

La palabra viva tiene el poder de derribar todo argumento.

G. La rebeldía.

Una de las raíces profundas que quedó implantada en el corazón del hombre fue la rebeldía. "La rebeldía surgió en el cielo, la practican los hombres en la tierra, y arderá en el infierno".

> "La rebeldía surgió en el cielo, la practican los hombres en la tierra, y arderá en el infierno".

Una de las grandes barreras que debe enfrentar el predicador es el corazón rebelde. Moisés llevó por el desierto cuarenta años a un pueblo con profunda raíz de rebelión.

Como resultado surgió la desesperación del predicador Moisés; predicó leyes que venían del cielo; hizo milagros como nadie: con el poder de Dios abrió el mar, limpio las aguas amargas; hizo llover mana del cielo y codornices; hizo salir fuentes de aguas vivas de las montañas desérticas. Un día, en medio de la presión, su corazón se llenó de ira, golpeó con ira la peña, y les dijo: ¡Oíd ahora rebeldes!

Que no le pase a usted, el predicador objetivo llevará al pueblo a la humildad y a la sujeción a Dios; con su manso ejemplo, y sus humildes palabras.

H. El materialismo.

Una de las grandes maldiciones del mundo moderno es el materialismo. Hoy por amor al dinero se abandonan a los hijos, se abortan, y se limita su concepción. Aun, cuando un familiar está enfermo, se hacen oraciones para que se muera rápido, y evitar los gastos hospitalarios. Es más importante los bienes materiales, que el amor por la familia.

> Una de las grandes maldiciones del mundo moderno es el materialismo.

El materialismo ha conducido a la sociedad moderna a cometer los más atroces delitos, como: el asesinato, el hurto, el tráfico humano, el tráfico de órganos, el narcotráfico y su aprobación. Todo por amor al dinero.

La avaricia es tan grande, que aun los santos creyentes han perdido el deseo de obedecer y bendecir a Dios, con sus diezmos y ofrendas, como el Dios del cielo lo establece.

> El verdadero predicador objetivo debe exaltar más los valores espirituales que los materiales.

El verdadero predicador objetivo debe exaltar más los valores espirituales que los materiales. Es extravagante ver a muchos predicadores actualmente hablar excesivamente de dinero; demostrando así, que es más importante lo material, los edificios, que las almas perdidas.

Quisiera que hoy afirmaras este principio que le Espíritu Santo reveló a mi corazón: Volver a

> Volver a restablecer los valores espirituales, celestiales y eternos, más que los materiales.

restablecer los valores espirituales, celestiales y eternos, más que los materiales.

"No mirando nosotros las cosas que se ven, sino las que no se ven; pues las cosas que se ven son temporales, pero las que no se ven son eternas". (2 Corintios 4:18)

I. El significado.

Cuando llegué a vivir y a predicar a los Estados Unidos, observé que la gente no me entendía. Yo hablaba y ellos me miraban con extrañeza. Claro que yo creía que estaban admirados de mi retórica y de mi vocabulario intelectualizado, con principios y términos administrativos; sin embargo, note que los resultados eran aburridos, predicaba mucho y obtenía poco o nada. Sencillo, los hermanos no entendían los significados de mis palabras.

Supuestamente, yo hablaba bonito para mí, pero honestamente estaba hablando horrible al auditorio.

El mensaje bello es aquel, que se puede comprender con claridad. Los significados son acordes, El significado del predicador es el mismo del oyente.

El doctor Billy Graham (considerado el mejor predicador del siglo XX) afirma: "Preparo mis sermones, de tal manera, que un niño lo pueda entender; si un niño lo comprende cualquier persona lo podrá hacer".

El predicador objetivo hablará tan sencillo, que hasta los niños estarán felices y atentos al escucharlo.

Veamos un planteamiento del significado de la comunicación, basado en las Sagradas Escrituras:

"Tantas clases de idiomas hay, seguramente en el mundo, y ninguno de ellos carece de significado. Pero si yo ignoro el valor de las palabras seré como extranjero para el que habla, y el que habla será como extranjero para mí". (1 Corintios 14:10,11)

"Pero en la iglesia prefiero hablar cinco palabras con mi entendimiento, que diez mil palabras con lengua desconocida". (1 Corintios 14:19)

CAPÍTULO VII

EL CONOCIMIENTO LIMITADO DEL PREDICADOR

Un Piloto Neófito

En este capítulo quiero hacer algunos planteamientos, que permitan evaluar, el conocimiento del lector, y llevarlo a la reflexión, y a la superación en las áreas que considere deficientes. En ningún momento quiero hacerle alguna crítica personal. Sino motivarle en su superación personal.

¿Se subiría usted en un avión cuando sabe que el piloto es un neófito? O ¿Con un inexperto que tan solo lleva sus primeras horas de práctica? Estoy seguro que no lo haría.

Lo mismo sucede con la predicación. He oído sermones que si los viviera fracasaría. El predicador neófito casi siempre tiene buena intensión, el problema es que carece de experiencia y conocimiento.

> He oído sermones que si los viviera fracasaría. El predicador neófito casi siempre tiene buena intensión, el problema es que carece de experiencia y conocimiento.

Cuando veo a un joven predicador gritando y levantando polvo con su escoba nueva, le aconsejo: veo que tienes un ministerio muy bonito, ve, y estudia y prepárate bien; para que se salven los que te oigan.

A los predicadores nuevos lo primero que se debe hacer es prepararlos bien; concientizarlos que los vamos a corregir; darles oportunidades con temas sencillos, y entrenarlos en pequeños grupos de crecimiento o células.

Estudia, estudia, estudia. No he dicho" es tu día", sino estudia.

Generalmente las oportunidades de Dios llegan a los que están preparados.

Un versículo para predicadores.

"Procura con diligencia presentarte a Dios aprobado, como obrero que no tiene de que avergonzarse, que usa bien la palabra de verdad". (2 Timoteo 2:15)

A. El dominio de una ciencia.

Toda persona que va a una misión sin preparación, va a fracasar. Toda persona que domina la ciencia que va a ejercer, es supremamente exitosa.

Ser un predicador objetivo es una ciencia. El domina el conocimiento teológico, cada detalle del acontecer bíblico, los elementos homiléticos requeridos y la imagen personal tanto física como espiritual; las cualidades de la retórica: clara, sencilla y precisa; y por último, las bases claras en la organización del sermón. Todo predicador debe ser especializado científicamente en cada una de estas áreas.

Quise dejar a parte este punto, el conocimiento espiritual y la experiencia personal del Dios que se predica.

Pablo llega Atenas, cuna de la filosofía griega. Uno de aquellos filósofos griegos creo una idea cuestionable. Un templo dedicado "AL DIOS NO CONOCIDO".

Se puede predicar del Dios conocido, pero es muy difícil predicar del Dios no conocido. Me asombró, escuchar a un pastor decir: "entregué mi vida a Cristo después de tres años de estar pastoreando; realmente allí conocí al Señor". Una pregunta sería: ¿Qué enseñó este pastor a sus oyentes y discípulos durante tres años? Otra pregunta sería: ¿Quién fue su maestro? El maestro de aquel líder nunca se dio cuenta que su discípulo no conocía a Jesús.

El predicador objetivo conoce personalmente a Dios, y se asegura que sus discípulos conozcan a Jesús.

El predicador objetivo conoce personalmente a Dios, y se asegura que sus discípulos conozcan a Jesús; tiene una experiencia real, y verdadera con el gozo del Espíritu Santo; disfruta el gozo de ser salvo en Cristo Jesús. Pero esto solo se puede lograr, basado en el conocimiento espiritual, y en la experiencia que se tiene con el Dios vivo.

Pablo dijo: "Varones atenienses, en todo observo que sois muy religiosos; porque pasando y mirando vuestros santuarios; hallé también un altar en el cual estaba esta inscripción: AL DIOS NO CONOCIDO. Al que vosotros adoráis; pues, sin conocerle, es a quien yo os anuncio". (Hechos 17:22-23)

Pablo conocía al Dios Viviente, por esta razón su predicación era objetiva.

B. ¿Quién ha sido tu mentor?

Quiero reafirmar el planteamiento anterior: ¿Quién ha sido su maestro o mentor? Hay un dicho popular que afirma: "de tal palo tal astilla". Jesús lo dijo así: "no es el discípulo más que su señor".

> Si el mentor es mundano, o avaro, o inmoral, o amargado o iracundo, o rebelde, o maldiciente; es muy difícil, o casi imposible que sus discípulos desarrollen carácter santo.

Si el mentor es mundano, o avaro, o inmoral, o amargado o iracundo, o rebelde, o maldiciente; es muy difícil, o casi imposible que sus discípulos desarrollen carácter santo.

Gracias a nuestros mentores piadosos; de carácter santo, consagrados en oración; generosos, prudentes, mansos de corazón, humildes; realmente vimos a Jesús en ellos. Cuando cumplí 38 años de conocer a Cristo como mi Señor y Salvador, recibí la noticia por Facebook que a mi pastor le estaban celebrado el día del pastor, con su bella familia; me dio alegría, le envié un mensaje de felicitaciones y agradecimiento. Después pensé: que bueno sería, que después de 38 años, lo puedan recordar a uno con alegría y agradecimiento.

Los malos ejemplos nos hacen perder las grandes oportunidades. Creemos que si nuestro mentor lo hace así, y le da resultado a mí también me sucederá lo mismo. Lo que casi nunca sabemos, es que al final del camino, esa aparente lámpara de oro se le fundirá la luz.

Rodéese de gente poderosa, gente santa y buena; con buenas actitudes, y aprenda de ellos. No mire solamente el éxito de ellos, mire sus corazones y su carácter; pues los buenos miembros de tu círculo íntimo, siempre te deben enriquecer.

Cuando Dios decidió elegir a David como rey, envió al profeta Samuel a la casa de Isaí. Cuando Samuel vio a uno de los hijos de Isaí alto, atlético y de buen parecer creyó que este sería el rey; pero, Dios le habló a Samuel

"No mires a tu parecer, ni a lo grande de su estatura, porque yo lo desecho; porque Jehová no mira lo que mira el hombre; pues el hombre mira lo que está delante de sus ojos, pero Jehová mira el corazón". (I Samuel 16:7)

El predicador objetivo debe elegir un círculo íntimo santo.

"Huye también, de las pasiones juveniles, y sigue la justicia, la fe, el amor y la paz, con los que de corazón limpio invocan al Señor". (2 Timoteo 2:22)

Elige gente buena, gente de buen corazón.

C. ¿Cuántas horas tienes de vuelo?

La experiencia hace al maestro. Se cree que con 200 horas de práctica, un piloto puede ser responsable de volar un avión. También, se cree que para llevar gente al cielo se requiere de máxima responsabilidad.

Pablo dentro de su sistema de selección del liderazgo, afirma

"No un neófito, no sea que envaneciéndose caiga en la condenación del diablo". (1 Timoteo 3:6)

La falta de experiencia nos puede llevar al fracaso, a la altivez, a la muerte, y aún a la condenación.

Me asombra cuando el escritor a los hebreos afirma:

> La falta de experiencia nos puede llevar al fracaso, a la altivez, a la muerte, y aún a la condenación.

"Porque es imposible que los que una vez fueron iluminados y gustaron del don celestial, y fueron hechos participes del Espíritu Santo, y así mismo gustaron de la buena palabra de Dios y los poderes del siglo venidero, y recayeron, sean otra vez renovados para arrepentimiento". (Hebreos 6:4-6)

Santiago lo corrobora:

"Hermanos míos, no os hagáis maestros muchos de nosotros, sabiendo que recibiréis mayor condenación". (Santiago 3:1)

Debemos tener mucho cuidado, pedirle a Dios que nos guarde, y andar siempre con mucha prudencia. Me asombra, pensar que predicadores que están hoy en la tarima, con un gran éxito, mañana estén fracasados delante de Dios; aun siendo famosos delante de los hombres y sepultados con los más grandes honores.

El predicador objetivo sabe lo que sabe, y es consciente de lo que no sabe. Conoce su nivel espiritual y percibe su ascenso o descenso. Un gran hombre de Dios, (lo considero mi amigo) es un hombre sencillo, tiene como cincuenta mil miembros en su iglesia. Una vez cuando nos daba una conferencia a ministros, se nos confesó de manera sencilla y dijo: "un día sentí que estaba como descarriado". Todos nos miramos y el continuo: "sentí que no oraba igual que antes, no ayunaba, y andaba ocupado y afanado en muchas cosas. Me arrodille y le pedí a Dios que me ayudara". Todos terminamos de rodillas.

D. ¿Confías plenamente en lo que predicas?

Esta es una buena pregunta. Si tenemos éxito cuando vivimos lo que predicamos, también los demás lo tendrán.

El predicador objetivo conoce el efecto que produce lo que predica. El éxito para su propia vida terrenal, y eterna; de la misma manera para sus oyentes.

Jesús nos enseñó a vivir el éxito temporal. Como vivir aquí en la tierra, con sencillez, humildad, mansedumbre, misericordia, bondad, compasión; con servicio a la comunidad y a Dios. Él nos enseñó que mientras estemos aquí tenemos que ser los mejores. Ser tierra deseable, sal y luz.

Jesús quiere que seamos su luz, su sabor, su ejemplo; en otras palabras ser como él. La vida de éxito en la tierra es la base de la eternidad. El que vive como Jesús, y cree en él, tiene vida eterna. Prediquemos de tal manera que nuestros oyentes reciban el éxito completo. Somos la imagen viva de Jesús en la tierra.

"Vosotros sois la sal de la tierra; pero si la sal se desvaneciere, ¿Con qué será salada? No sirve más para nada, sino para ser echada fuera y pisoteada por los hombres. Vosotros sois la luz del mundo; una ciudad asentada sobre un monte no se puede esconder, ni se enciende una luz y se pone debajo de un almud, sino sobre el candelero y alumbra a todos los que están en casa. Así alumbre vuestra luz delante de los hombres, para que vean vuestras buenas obras, y glorifiquen a vuestro padre que está en los cielos". (Mateo 5: 13-16)

E. ¿Al aplicar lo que predicas tienes éxito?

Dios tiene grandes sueños para la humanidad, sueños buenos no sueños malos. La idea es que los resultados de lo que predicamos se puedan cumplir en nuestros oyentes y en nosotros.

"Porque entonces harás prosperar tu camino y todo te saldrá bien". (Josué 1:8b)

Esta frase bíblica es el resultado de vivir el mismo versículo. El versículo ocho de Josué nos muestra, cuales son los requisitos para que se den estos resultados.

- El primer requisito es que Nunca se aparte de nuestra boca la palabra de Dios. El que habla la palabra habla como Dios habla.

- Que la mente este llena de la palabra de Dios día y noche. El que piensa conforme a la palabra de Dios tiene la mente de Dios.

- Que el corazón tenga las actitudes conforme a los principios de Dios. El que habla y piensa conforme a la palabra de Dios llega a tener el corazón de Dios.

- Que toda acción sea conforme a todo lo que está escrito en la palabra de Dios. El que habla, piensa y siente conforme a la palabra de Dios actúa como Dios.

Esta es la base del éxito.

El predicador objetivo aplica estos principios fundamentales, espirituales y divinos; pues, él desea que sus discípulos prosperen en su camino y todo les salga bien.

El que habla, piensa y siente conforme a la palabra de Dios actúa como Dios.

"Nunca se apartará de tu boca este libro de la ley, sino que de día y de noche meditarás en él, para que guardas y hagas conforme a todo lo que en él está escrito; porque entonces harás prosperar tu camino y todo te saldrá bien". (Josué 1:8)

La mejor manera para comprobar que lo que dices es verdadero y objetivo, es haciendo y viendo sus resultados.

Desde 1976 he estado escuchando muchos predicadores decir cosas de las que después tuvieron que arrepentirse; aún, escritos que después carecieron de fundamento, la historia les enseñó lo contrario. Recuerdo tanto a un predicador famoso en la década de los 70 y 80. Predicó en contra de los televisores, fueron muchas las pérdidas que ocasionó; muchos arrojaron a los ríos y a la basura sus televisores y antenas. Al final de los 80, Dios le dio un canal de televisión, nunca más volvió a predicar contra los televisores. Ahora el problema era que sus seguidores no tenían televisores y no querían ver televisión.

El éxito de la predicación se mide, en el éxito de la vida personal.

F. ¿Qué tanto sabes de lo que hablas?

Recuerde que estas preguntas reflexivas debemos tomarlas como un punto de análisis y de evaluación.

Creo, que el conocimiento de las ciencias divinas, son muy extensas, amplias e insondables; por tal razón, aconsejo a mis estudiantes en los seminarios, que se especialicen en un área específica. Esto nos hará muy objetivos y precisos.

He notado también que con base en la especialización de cada ministro; así es la fuerza de cada iglesia. Algunas iglesias se han especializado en la organización celular y han tenido un éxito extraordinario; otras se han concentrado en la vida devocional y el Espíritu Santo ha desatado grandes avivamientos, entre ellos; otras se han especializado en el campo del discipulado, haciendo discípulos por medio de escuelas, seminarios y universidades; y han hecho crecer sus iglesias con solidez poderosamente. Otras iglesias se han especializado en las comunicaciones masivas. Todas han tenido éxito.

Debemos orar, y especializarnos en el área que el Espíritu Santo nos dirija. Especialmente en el área que más tengamos vocación.

Crezca y evalúe constantemente su conocimiento.

Evalúe constantemente tu éxito. ¿Te sientes realizado en lo que haces? ¿Te hubiera gustado ver otros resultados en tu vida? Si sientes que no has logrado lo que deseas en plenitud revisa por favor el contenido y el objetivo que has tenido en tu predicación en estos años. Si crees que has hecho fracasar a muchos, y entre ellos usted. Revisa por favor, el objetivo, y el contenido de lo que has predicado.

Aún es tiempo, se puede corregir y agregar lo que falta, y lograr un gran éxito en tu vida y en tus oyentes.

G. ¿Qué tanto éxito integral tienen tus discípulos?

Cuando planteo el éxito integral, me refiero al éxito espiritual y devocional delante de Dios; al éxito en la familia de tus discípulos, sus hijos, su llamado, su universidad, su pureza; pero también la estabilidad económica ¿Han comprado su casa? O siguen siendo los mismos pobres de siempre ¿Se han preparado? ¿Han crecido en conocimiento en el seminario o en la universidad? ¿O tiene usted inclinaciones de rechazo por el estudio de su gente? ¿Sus discípulos ocupan buenos cargos administrativos en las empresas o en el gobierno? ¿Tiene usted odio o resentimiento contra la administración pública? ¿Sus discípulos se han preparado como líderes o en el ministerio? ¿Viven sanos? ¿Comen bien? ¿Hacen ejercicio? ¿Están obesos? ¿Son felices?

> El predicador objetivo ama a sus discípulos, como a sus hijos; a sus oyentes los ve como hijos de Dios, dignos y respetables, con grandes posibilidades de éxito.

El predicador objetivo ama a sus discípulos, como a sus hijos; a sus oyentes los ve como hijos de Dios, dignos y respetables, con grandes posibilidades de éxito.

Toda predicación debe conducir al éxito. Veamos algunas áreas que debemos fortalecer con nuestra predicación:

- La vida consagrada a Dios.

- La vida en armonía familiar.

- La vida de armonía y comunión con la iglesia.

- La vida de éxito laboral.

- La salud personal.

- El liderazgo en el servicio a Dios.

- El liderazgo en la comunidad.

- La administración financiera.

Si un ser humano domina estas ocho áreas exitosamente, se puede considerar que tiene éxito integral; es una bendición para sí mismo y para su familia, para el reino de Dios, y para la sociedad.

"Señor has que yo sea una bendición cada vez que predique".

CAPÍTULO VIII

EL CONOCIMIENTO COMPLETO DEL PREDICADOR

Un Piloto Experto

El sabio sabe dónde caerá la gota de agua. Todo predicador sabio y objetivo conoce el efecto de sus palabras, el producto, y el resultado de ellas.

Quiero recalcar, y reforzar la especialización y el dominio del conocimiento, para lograr el éxito integral; tanto, de nosotros como de los creyentes. Es necesario tener dominio preciso y científico de cada área expuesta en el capítulo anterior.

> Debemos saber exacta y objetivamente lo que estamos haciendo.

Debemos saber exacta y objetivamente lo que estamos haciendo.

• Deberíamos tener predicadores expertos en ciencias divinas. Que nos digan como estar de rodillas, y alcanzar los tesoros de la vida espiritual.

- Como anhelo predicadores especializados en psicología familiar y en ciencias humanas, que conozcan verdaderamente el comportamiento humano y sus verdaderas necesidades. Que fundamenten la familia de tal manera, que pisoteen el divorcio y el abandono de los hijos.

- Clamo a Dios, porque aparezcan predicadores objetivos, especializados en comunión (koinonìa) divina. Que nos enseñen a vivir unidos en amor, que podamos pisotear la división, y la rivalidad entre los ministros y las iglesias.

- Anhelo predicadores que le enseñen a su gente a ser constantes, efectivos, exitosos, y una bendición en sus puestos de trabajo.

- Dios está buscando predicadores especializados en salud. Que le enseñen a su gente a comer bien, a combatir la obesidad, a amar el ejercicio y el deporte, a ser limpios y aseados, a vivir sanamente, y a ser piadosos.

- Dios busca predicadores ejemplares especializados en liderazgo, que le enseñen a sus discípulos y a sus iglesias, a ser líderes de éxito, sirviendo al Señor cada día, sin desmayar.

- Dios busca predicadores especializados en administración pública que le enseñen a su liderazgo, como ser poderosos, y efectivo en funciones administrativas; que gobiernen en este mundo.

- Dios busca predicadores especializados en la administración financiera; de tal manera que sus hijos cada año avancen, prosperen y se conviertan en bendición para el reino de Dios, y para el mundo entero (no predicadores mendigantes, mercaderes y estafadores).

Algo que debemos comprender es el conocimiento de ser, compartir, y enriquecer.

Ser: El conocimiento completo del predicador lo hace un gran predicador objetivo. Primero es necesario "ser" un buen piloto para enseñar cómo ser un buen piloto. Es necesario "ser" un buen piloto para hacer buenos pilotos. Cuando se "es", se puede estar seguro, que al compartir el éxito, será seguro.

> El conocimiento completo del predicador lo hace un gran predicador objetivo.

Compartir: Comparte lo que es usted en Cristo Jesús.

Pablo es un buen ejemplo.

"Sed imitadores de mí, así como yo imito a Cristo"

Lo que somos es lo que enriquece a la gente, más de lo que decimos.

Enriquecer: Lo que somos y compartimos es lo que enriquece o destruye al mundo; realmente, lo único que enriquece es lo virtuoso que tenemos.

Comencemos aclarando algunos conceptos pedagógicos con relación a las áreas del conocimiento: Conocimiento mental, emocional y práctico.

El predicador objetivo debe cubrir las tres áreas fundamentales del conocimiento pedagógico en su predicación:

1. El conocimiento mental: es aquel que llega a la mente, como son: datos, información, dibujos, imágenes, conceptos, lecciones. Todo predicador debe dejar algo en la mente del oyente; que nunca lo olvide y lo mantenga fundamentado en la verdad.

2. El conocimiento emocional. Son los valores que se crean en el corazón, la fe o la duda, lo positivo o lo negativo, lo amado o lo odiado; lo aborrecible o lo valioso; o sea los tesoros del corazón del hombre.

> El predicador inteligente y objetivo sabe cuándo crea valores, amor hacia Dios, amor para la familia; amor para su iglesia; amor por su trabajo y su empresa.

El predicador inteligente y objetivo sabe cuándo crea valores, amor hacia Dios, amor para la familia; amor para su iglesia; amor por su trabajo y su empresa. Él nunca permite que sus palabras creen odio, o división en sus oyentes; ni rechazo contra otros, ni contra otras iglesias.

"La fe viene por el oír y el oír por la palabra de Dios" (Romanos 10:17).

El fruto del Espíritu son las bellas actitudes que debemos tener siempre en el corazón, como las tuvo el Señor Jesucristo: amor, gozo, paz, paciencia, benignidad, bondad, fe, mansedumbre y templanza.

Nuestras palabras, y ejemplos en el pulpito, deben crear estas actitudes divinas en los oyentes.

3. El conocimiento práctico. Son todas las buenas habilidades que desarrollamos por medio del conocimiento mental y emocional. Cuando el conocimiento es completo las habilidades son efectivas, y se convierten en las herramientas del éxito.

El predicador debe fijar lecciones prácticas por medio de sus sermones; la vida es práctica; Dios es práctico, vino desde el cielo, nos amó, restauró, sanó, liberó y salvó. Dios es acción; y todo el tiempo está conectado con nosotros.

Por medio del conocimiento práctico se hacen las cosas. El éxito está en hacer.

"Cualquiera, pues, que me oye estas palabras, y las hace, le compararé a un hombre prudente, que edificó su casa sobre la roca. Descendió lluvia, y vinieron ríos, y soplaron vientos, y golpearon contra aquella casa; y no cayó porque estaba fundada sobre la roca. Pero cualquiera que oye estas palabras y nos las hace, le compararé a un hombre insensato, que edificó su casa sobre la arena; y descendió lluvia, y vinieron

ríos, y soplaron vientos, y dieron con mucho ímpetu contra aquella casa; y cayó, y fue grande su ruina". (Mateo 7:24-27)

A. Conocimiento bíblico.

En este momento estoy escribiendo a predicadores bíblicos, fundamentados en las palabras de Dios, y en principios divinos. Por esto veo valioso escribir; así sea, un par de párrafos del tema. El conocimiento bíblico es la base del predicador; pues de allí emana la Teología Bíblica.

> El conocimiento bíblico nos evita cometer errores y nos lleva a la precisión y a la verdad.

El predicador objetivo conoce las Sagradas Escrituras de manera concreta y precisa. Su inspiración divina, su fondo histórico y geográfico; los diferentes pensamientos y percepciones humanas registradas en el texto Sagrado; las necesidades humanas; los valores espirituales y santos, que plantea el Dios santo; y por supuesto, la ciencia de la vida abundante, la cual va a predicar. El conocimiento bíblico nos evita cometer errores y nos lleva a la precisión y a la verdad.

Cuando Jesús estuvo en la tierra encontró grupos religiosos confundidos, uno de ellos eran los saduceos. Ellos eran materialistas, e ignorantes sobre las manifestaciones divinas. En medio de un planteamiento equivocado de los saduceos, Jesús les dijo: *"Erráis, ignorando las escrituras y el poder de Dios". (Mateo 22:29)*

B. Conocimiento Teológico.

La teología es el estudio de Dios. Desde el momento que un predicador se para en una plataforma a predicar de Dios, está exponiendo teología. He escuchado predicadores hablar en contra de los teólogos; lo cual denota su poco conocimiento del tema o de la simple definición. La teología se divide en diferentes ramas: la teología bíblica, la teología sistemática, la teología ética; aun, la teología histórica o dogmática; la cual los predicadores bíblicos no la tenemos como base de fe.

Todo predicador que desee ser objetivo y preciso, debe tener un conocimiento claro y profundo, de las diferentes ramas de la teología.

C. Conocimiento Humano.

Las Sagradas Escrituras hablan de los seres humanos y para los seres humanos.

Para compartir la palabra de Dios de manera objetiva, debemos conocer los comportamientos humanos en sus diferentes etapas de desarrollo o edades.

Como predicadores debemos estar preparados para exponer temas bíblicos a niños pequeños o muy pequeños;

Para compartir la palabra de Dios de manera objetiva, debemos conocer los comportamientos humanos en sus diferentes etapas de desarrollo

utilizar el vocabulario, y el método acorde con sus diferentes edades.

Si vamos a predicar a adolescentes nuestro acercamiento debe ser muy agradable y amigable; el tema debe identificarse con sus necesidades, como es el desarrollo de la nueva visión que se avecina, en su nueva etapa juvenil.

Conociendo el auditorio podremos llegar mejor a sus necesidades. Sabremos, si nuestro auditorio es joven, es universitario o labriego; de acuerdo a estos niveles intelectuales, se debe manejar el vocabulario y la temática que lleva al éxito integral del oyente.

De la misma manera, el análisis del auditorio adulto es muy importante, si es masculino o femenino; madres solas o divorciados o casados o viudos. Generalmente todo adulto tiene grandes retos y responsabilidades diarias. El predicador debe ser un gran fortalecedor de la comunidad adulta que sostiene al mundo.

Y por último los adultos mayores o la tercera edad. Debemos comprender que todos debemos tener razones para vivir, sin importar que tengamos cien años. Siempre debe haber algo en que esperar "los ancianos soñarán sueños". Fortalezcamos aun los sueños de nuestros hermanos ancianos.

Toda edad necesita conocer a Cristo; ahora bien, lo importante es cómo llevar el mensaje del amor de Jesús con eficacia.

D. Conocimiento histórico.

Admiro mucho a los filósofos y educadores que inventaron los planes curriculares de la educación en el mundo. Estos planes académicos contienen las áreas científicas necesarias para reubicar a cada ser humano, en su espacio geográfico e histórico. Como son: las matemáticas, idiomas, geografía, historia, filosofía, religión, ética, y en el mundo moderno la informática y la tecnología.

Cuando niño no comprendía porque me hacían estudiar todo esto. Creía que no lo necesitaba. Cuando comprendí la vida y la analice me di cuenta que requería de todo esto, y mucho más, para tener éxito en mis movimientos de cada día.

El predicador objetivo debe profundizar en el conocimiento histórico, conocer de dónde viene, los contenidos históricos de lo que predica, la historia bíblica, la historia de la iglesia, y la historia universal. Todo seminario serio, responsable debe trabajar en la ubicación histórica de los predicadores.

El conocimiento histórico le permitirá al predicador ver mejor y con más precisión, las necesidades humanas y sus diferentes cambios, sus desafíos, y sus estrategias.

Todo seminario serio, responsable debe trabajar en la ubicación histórica de los predicadores.

Ser un buen predicador requiere de estudiar bastante.

E. Conocimiento geográfico.

La ubicación del predicador es muy importante especialmente si este desea ser un predicador mundial o transcultural. Mi experiencia personal me ha enseñado la gran importancia de conocer el mundo geográfico donde me muevo.

> Dios obra en personas que conocen la geografía.

Dios obra en personas que conocen la geografía. Cuando inicié mi ministerio, tenía el deseo de tener una gran iglesia y trabajé por ello. Un día Dios me amplió la visión, Nuestro departamento de Misiones inició nuevas iglesias en la región; pero Dios siguió avanzando; me llevó a ayudar iglesias y ministros en el país, y aun a misiones foráneas y a tribus indígenas; pero Dios amplió mas su radio de acción; me llevó a traspasar fronteras, a Estados Unidos y Canadá; a fundar Seminarios Bíblicos e Iglesias. Él amplió mi campo de acción, y mi geografía, ¿Cómo podría Dios hacer semejante cosa conmigo si yo no hubiese conocido la geografía global?

¿Cómo podremos (como predicadores) orar por lugares remotos del mundo, si no conocemos la geografía? ¿Cómo podremos llegar más allá de donde estamos si no sabemos a dónde ir?

Los predicadores debemos especializarnos en la geografía Bíblica, en la geografía del planeta y especialmente del país donde vivimos.

F. Conocimiento espiritual.

Las verdades espirituales de la Palabra de Dios por su profundidad espiritual, han de ser predicadas por hombres de vivencias y alto conocimiento espiritual.

La profunda Palabra de Dios afirma:

"Cosas que ojo no vio, ni oído oyó, ni han subido en corazón de hombre, son las que Dios ha preparado para los que le aman". (1. Corintios 2:9)

Pablo conociendo el fondo de estas verdades espirituales, afirma:

"Pero Dios nos las reveló a nosotros por el Espíritu Santo; porque el Espíritu todo lo escudriña, aun lo profundo de Dios". (1 Corintios 2:10)

Un predicador con conocimiento espiritual es una bendición. Él sabe quién es Dios, lo que Dios desea, lo que Dios puede hacer. Él vive para predicar la visión de Dios.

Un predicador con conocimiento espiritual es una bendición. Él sabe quién es Dios, lo que Dios desea, lo que Dios puede hacer.

G. Conocimiento de la ciencia de la vida abundante.

Jesús vino con una misión clara y precisa.

El apareció en Nazaret anunciando a que había venido.

"El Espíritu del Señor está sobre mí, por cuanto me ha ungido para dar buenas nuevas a los pobres; ME HA ENVIADO a sanar a los quebrantados de corazón; A pregonar libertad a los cautivos, y vista a los ciegos; A poner en libertad a los oprimidos; A predicar el año agradable del Señor". (Lucas 4:18,19)

Hagamos una reflexión: ¿Estamos predicando estos contenidos o una religión llena de prohibiciones que nos enseñaron otros?

Avancemos. Jesús en casa de Zaqueo dijo:

"Porque el Hijo del hombre vino a buscar y salvar lo que se había perdido" (Lucas 19:10)

Sigamos reflexionando: ¿Nuestra predicación busca salvar y rescatar con vida abundante a los perdidos?

El apóstol Juan lleno del Espíritu Santo, afirma:

"Para esto apareció el Hijo de Dios, para deshacer las obras del diablo". (1 Juan 3:8)

Hagamos otra aplicación reflexiva: ¿La palabra que predicamos realmente libera y produce vida abundante?

La gran misión de Jesús se registra en Juan 10:10.

"Yo he venido para que tengan vida, y para que la tengan en abundancia".

Debemos comprender que los llamados a predicar, fuimos llamados a continuar la misión de Jesucristo. No podemos permitir que Cristo pierda su viaje; pues, dio hasta su vida por nosotros, para lograr su objetivo. Hoy más que nunca tenemos que volver a reforzar la objetividad de la predicación de la vida abundante.

> Hoy más que nunca tenemos que volver a reforzar la objetividad de la predicación de la vida abundante.

Los predicadores que regresen a predicar vida abundante; de la misma manera, sus auditorios volverán a rebosar llenos de almas.

CAPÍTULO IX

LA PREDICACIÓN CORRECTA DE LA MANERA CORRECTA

Existe una manera correcta, para hacer las cosas

A veces hacemos cosas correctas de manera incorrecta, y esta es la razón por la que no funcionan al final.

Un ejemplo Bíblico está en el Rey David, él quiso llevar el Arca de Dios a Jerusalén, en una carreta halada por bueyes; sin embargo, esta no era la manera correcta. Era correcto llevar el arca, pero este viaje tenía ciertos requisitos. El Arca de Dios solo se podía trasladar en los hombros de los sacerdotes.

Sus deseos eran correctos, el plan era correcto, pero la forma como se hizo no lo era. En el intento uno de los siervos amados de David murió. David investigó como se debía hacer. Los expertos le dijeron: "El Arca de Dios debe ir en los hombros de los sacerdotes". David hizo el plan

> A veces hacemos cosas correctas de manera incorrecta, y esta es la razón por la que no funcionan al final.

correcto, con el objetivo correcto, de manera correcta. Y así, llegó con el Arca de Dios a Jerusalén.

Así también es la predicación. Estoy seguro que si somos verdaderos siervos de Dios, Él nos dará una palabra hermosa para predicarla; Ahora bien, es muy importante que estemos preparados para organizar esta predicación de manera correcta, con el objetivo correcto, de tal manera que llegue a la necesidad de las almas.

En este capítulo presentaré, de manera sencilla, las herramientas, que cada predicador requiere para armar en forma eficaz sus sermones. Veamos los pasos que se requieren para preparar una predicación efectiva de manera correcta.

Existen una serie de elementos, que debemos tener en cuenta, a la hora de preparar un sermón. Son elementos necesarios y fundamentales, veremos el tema de la predicación, la base bíblica como fundamento de la predicación, la introducción, el desarrollo, la conclusión, y las ilustraciones como las ventanas del sermón.

A. El tema preciso de la predicación objetiva.

> Cuando hablamos del tema, nos estamos refiriendo al asunto que vamos a tratar en la predicación.

Cuando hablamos del tema, nos estamos refiriendo al asunto que vamos a tratar en la predicación. El tema es una frase con sentido completo. El tema es la respuesta a la pregunta: ¿De qué voy a predicar? Veamos diferentes maneras para plantear temas de manera sencilla.

1. Temas numéricos. Una forma sencilla para plantear temas es el sistema numérico. Por ejemplo:

    Tema: Tres pasos que llevan a la vida eterna.

    Tema: Siete requisitos para ser llenos del Espíritu Santo.

    Tema: Beneficios de ser un cristiano fiel.

    De esta manera, el predicador podrá plantear fácilmente sus temas. Por favor tome una hoja, y haz algunos temas numéricos como práctica. Esto le ayudará a desarrollar el dominio de este punto.

2. Temas interrogativos. Otra forma fácil y sencilla es plantear los temas de manera interrogativa. Veamos algunos ejemplos.

    Tema: ¿Qué se necesita para agradar a Dios?

    Tema: ¿Cómo será la venida de Cristo?

    Tema: ¿Qué nos manda el gran mandamiento?

    Tema: ¿Quiénes se irán con Cristo en el arrebatamiento?

    Tema: ¿Quiénes verán a Dios?

    Toma una hoja y haz unos cuantos temas interrogativos, para que adquieras mejores habilidades en esta área.

3. Temas de asuntos. Otra gran manera para formular temas son los asuntos o temas bíblicos. Planteemos algunos ejemplos.

    Tema: La gracia de Dios por medio de Jesucristo.

    Tema: La fe de Dios en nosotros.

    Tema: La oración de Jesús en el Getsemaní.

    Tema: La salvación de Dios por medio de Cristo.

    Por favor haz unos cuantos temas de asuntos bíblicos, mi deseo es que desarrolles grandes habilidades.

4. Temas de personajes. Otra forma de plantear temas de manera sencilla es a través de la vida de personajes. Son muy valiosos, teniendo en cuenta que se puedan aplicar como ejemplo de Cristo y sus virtudes.

    Recuerde siempre: el predicador objetivo es Cristo céntrico. No podemos predicar sin hablar de nuestro salvador. Ejemplo:

    Tema: El rey David conforme al corazón de Dios.

    Tema: Isaac como tipo de Jesucristo.

    Tema: Abraham el padre de la fe.

    Por favor, tome una vez más sus notas, y haz unos cuantos temas con la vida de personajes bíblicos. Mi deseo, es que avances, y puedas dominar este punto con facilidad y destreza.

5. Temas en yuxtaposición. Esta es la manera más sencilla para plantear temas. Tal vez el nombre le asuste. Pero realmente consiste en plantear ideas opuestas. O hacer uso de antítesis literario. Veamos unos sencillos ejemplos.

Tema: El infierno y el cielo.

Tema: Las tinieblas y la luz.

Tema: La mentira y la verdad.

Tema. El Incrédulo y el creyente.

Realmente plantear temas en Yuxtaposición es muy sencillo. Pero es necesario tener en cuenta el orden del planteamiento. Le recomiendo hacer el planteamiento del tema negativo inicialmente, para que pueda terminar con la parte positiva del sermón. Es mejor iniciar en el infierno y terminar en el cielo; que comenzar en el cielo y terminar en el infierno; O iniciar con las tinieblas y terminar en la luz; que comenzar en la luz y terminar en las tinieblas.

Bueno, haz algunos ejercicios, te ayudaran en el dominio de la profesión de predicador.

Quiero reforzar con el tema, pues está comprobado que si puedes plantear bien el tema, el desarrollo del sermón será más fácil. El tema debe ser claro; se debe leer y entender con claridad. La precisión del tema permite una redacción completa a la hora de armar el cuerpo del sermón o el bosquejo.

6. Temas Generales y Específicos. Existen estas dos clases de temas.

   a. Tema General. Es aquel que contiene todo el alcance para cubrir una ciencia determinada. Un tema general es demasiado amplio para exponerlo en un sermón; por tal razón; todo predicador debe manejar temas específicos. Los temas generales se aplican especialmente para escribir libros, o enseñar asignaturas o áreas del saber.

   b. Tema Específico. Es aquel que se dedica a tratar un asunto en particular y con precisión. Los temas específicos son la base correcta para la predicación objetiva y eficaz. Estos temas específicos permiten tratar en forma puntual un asunto, que llegue a una necesidad específica. Un tema específico nos permite llegar al blanco con precisión.

   Recomiendo siempre, tratar solo un asunto.

> Tema Específico. Es aquel que se dedica a tratar un asunto en particular y con precisión.

B. El Texto Sagrado del predicador objetivo.

Teniendo en cuenta que el tema es específico, es supremamente importante que el texto también sea específico y acorde con el tema. Dios siempre desea dejar un principio divino plasmado en el corazón del oyente. El texto es la base sagrada y fundamental del discurso o predicación.

La predicación es poderosa porque surge de la inspiración de Dios.

Toda predicación debe surgir de la palabra de Dios. No se debe predicar del himnario, ni de la revista de los famosos, ni de un poema. Todos estos elementos pueden ser útiles, para ilustrar, reforzar, y hacer amena por un momento la predicación; pero, toda la predicación debe estar basada en el texto Sagrado. La Palabra de Dios.

> La predicación es poderosa porque surge de la inspiración de Dios.

El texto debe ser seleccionado, y revisado con mucho cuidado; teniendo en cuenta, el verdadero significado; Utilizando una hermenéutica correcta en el momento de la interpretación; revisando el contexto, su realidad histórica y retórica.

> Toda predicación debe surgir de la palabra de Dios.

C. El título llamativo en la predicación objetiva.

Dentro de los sistemas retóricos, una de los elementos que se consideran de alto valor, a la hora de la exposición del sermón, es un buen título.

El titulo embellece la predicación, porque es hermoso El titulo no debe ser trágico, ni triste, ni doloroso; por el contrario, debe ser lleno de esperanza, de solución, de confianza, de amor y de victoria.

> El título es como la carrocería elegante de un auto deportivo. Todos quieren verlo y saber lo que hay dentro.

El título es una frase llamativa, o una palabra que impacta, que llama la atención y que crea expectativa. El título es como la carrocería elegante de un auto deportivo. Todos quieren verlo y saber lo que hay dentro. Es como la envoltura de un bello regalo, todos desean destaparlo, y ver su contenido.

Envuelva siempre su mensaje con un buen título. Todos desearán que usted lo destape.

D. La introducción que motiva la predicación objetiva.

Al plantear este punto surge la gran pregunta: ¿Cuándo, o en qué momento se inicia la predicación?

Generalmente, la mayoría de planteamientos escritos, consideran que la introducción se realiza en el momento de leer el texto, o en el momento de plantear el tema; sin embargo quiero llevarlo más allá de esta idea.

La predicación puede iniciar aun en la alabanza y en la adoración, antes de comenzar el predicador. Si el ambiente no es adecuado, en el momento de subir al pulpito, es posible que el predicador tenga que pasar trabajos, para alcanzar el objetivo divino en su predicación.

Vayamos más allá de la lectura del texto. Veamos aspectos importantes en la Introducción de la predicación objetiva:

La presentación del predicador. Es tan importante que el director de la reunión conozca con anterioridad al predicador, para que de manera positiva, respetuosa y admirable lo presente al auditorio. Una buena presentación del predicador, hará que la iglesia disponga su corazón, para escuchar la palabra de Dios.

La presentación personal del predicador debe ser impecable, elegante, y decorosa con el momento. De acuerdo al evento, o ceremonia; así debe estar vestido el ministro de Dios.

Al pasar al altar el predicador debe caminar seguro firme y alegre, de tal manera, que el auditorio se sienta seguro, que viene algo extraordinario y excelente de parte de Dios.

El saludo del predicador debe ser cordial, amable, respetuoso y muy positivo.

El predicador debe portar en su mano una buena Biblia, de buen tamaño, limpia y en perfecto estado.

Sus palabras introductorias deben ser positivas, sin críticas de las circunstancias, ni chistes; la iglesia no es un circo, es el santuario de Dios. Las palabras del predicador deben ser las palabras bendecidoras de Dios. Pues, bendecir, es la razón por la cual fuimos llamados.

La introducción retórica es muy importante. Parte de la introducción es una buena y ferviente oración a Dios. En el desarrollo de la introducción se puede compartir una ilustración, una frase célebre, una frase bíblica poderosa, el planteamiento del tema, un testimonio personal, una pregunta llamativa, una narración o recuento histórico del libro de la Biblia de donde se está basando el sermón.

La introducción debe llevar al predicador a plantear su tema con claridad y precisión; de tal manera, que lo conduzca al desarrollo del sermón con eficacia.

E. La conclusión que inspira al sermón objetivo.

Todo lo que comienza debe terminar. Pero lo importante es que termine bien. Así como se inicia un vuelo en un avión y debe terminar con éxito. Así debe ser el sermón del predicador objetivo. Debe tener una buena conclusión.

Así como la introducción es supremamente importante; puedo afirmar, que de la misma manera, lo es la conclusión. La conclusión determina cómo será el éxito final del sermón. Seria trágico que después de un vuelo de éxito el avión comenzara a carretear en la pista y se saliera de ella llevando al fracaso o a la muerte a sus pasajeros.

> La conclusión determina cómo será el éxito final del sermón.

He tenido la oportunidad de ver predicadores con sermones extraordinarios con finales desastrosos. Finales con chistes graciosos, sin esencia espiritual, sin una oración por los perdidos, porque se fue carreteando por la pista hasta que se salió. Con regaños, amenazas, exteriorizando sus amarguras, con el objetivo perdido; con un auditorio expectante al frente; necesitado de una oración de sanidad, de restauración familiar, de liberación, de provisión, de esperanza. Un auditorio cristiano siempre está esperando algo del cielo.

Lo óptimo es que una conclusión sea positiva y poderosa, y cuando el sermón este en el clímax más elevado de su expresión. Teniendo en cuenta, el propósito del sermón la conclusión se puede llevar a cabo por medio de una ilustración, o narración de una historia real edificante; también, el cuerpo del sermón le puede servir al predicador para hacer una recapitulación como conclusión.

Una conclusión eficaz debe llevar una aplicación práctica, que permita al oyente tomar nuevas decisiones, y afirmar sus compromisos o pactos delante de Dios.

> Lo óptimo es que una conclusión sea positiva y poderosa, y cuando el sermón este en el clímax más elevado de su expresión.

Algo más que quiero agregar, dentro de la conclusión está el tiempo que se debe dedicar para orar o ministrar a los oyentes. Es el tiempo que le damos al Señor para que él pueda obrar en el creyente, con base en la fe que desata la palabra predicada.

El predicador objetivo conoce las necesidades de los oyentes y podrá orar de manera objetiva y precisa por ellos. Los oyentes necesitan arrepentimiento y conversión; necesitan sanidad; necesitan restauración familiar; necesitan provisiones de recursos; soluciones a problemas existentes; liberación de las dudas y de los ataques del maligno.

De acuerdo al objetivo de la predicación, así fluirá la fe, para recibir el milagro que se requiera. Termine delegando tiempo a Dios para que él actúe.

F. La ilustración que embellece la predicación objetiva.

"Una imagen vale más que mil palabras" dice el proverbio chino. Las ilustraciones son bellas narraciones, que permiten aclarar los conceptos que tienden a ser filosóficos y poco comprensibles para los oyentes.

> "Una imagen vale más que mil palabras"

Nuestro Señor Jesucristo fue el maestro por excelencia, para dar ilustraciones acordes con el conocimiento de sus seguidores. Las ilustraciones de Jesús eran prácticas, que aclaraban y embellecían sus lecciones; logrando de esta manera, el objetivo verdadero.

Jesús tenía que ensenar verdades espirituales muy difíciles de entender; sin embargo, lo lograba por medio de ejemplos e ilustraciones del diario vivir. Jesús fue un predicador objetivo y extraordinario, y nos dejó su ejemplo ilustrativo, para que lo imitemos. Él es nuestra mayor ilustración.

Las ilustraciones son las ventanas del sermón, las cuales dan claridad, luz; las ilustraciones hacen que la palabra de Dios llegue con más facilidad a la mente del oyente.

Las ilustraciones permiten registrar la palabra en la memoria de forma más eficaz. Realmente, lo importante no es predicar; sino, que el mensaje quede en el corazón, en la mente, y en la memoria para siempre. Las ilustraciones nos pueden ayudar a alcanzar este propósito.

Existen diferentes clases de ilustraciones. Experiencias personales, eventos de cada día, anécdotas, historias, noticias, cuentos, fabulas; Además, se puede embellecer el sermón e ilustrarlo con lecciones objetivas. Se pueden utilizar objetos, cuadros, pinturas, fotografías, proyecciones, computadoras, ilustraciones de internet, bosquejos, películas, etc.

> Las ilustraciones hacen que la palabra de Dios llegue con más facilidad a la mente del oyente.

Recomiendo una ilustración por cada punto principal del sermón. Las ilustraciones harán más bella, atractiva y objetiva la predicación.

G. La nomenclatura homilética de la predicación Objetiva.

Para armar el cuerpo del sermón es necesario utilizar nomencladores adecuados, los más sencillos posibles. Cuando los nomencladores son únicamente numéricos tienden a confundir al predicador, a la hora de leer el bosquejo. Aconsejo más los nomencladores con números romanos y letras; pues se leen con más facilidad. Veamos un ejemplo:

TEMA:

TEXTO:

OBJETIVO:

INTRODUCCION:

I. DIVISION PRINCIPAL DEL BOSQUEJO. Aconsejo colocarse en mayúscula, para facilitar la ubicación y la lectura del sermón.

   A. Subdivisión. Recomiendo colocarse a cuatro espacios de la división principal

      1. Inciso uno. Ley de la nomenclatura. Si hay (1) debe haber (2)

      2. Inciso dos.

   B. Subdivisión. Ley de la nomenclatura. Si hay (A) debe haber (B)

II. DIVISION PRINCIPAL DEL BOSQUEJO. Recuerda si hay (I) debe haber (II)

   A. Subdivisión.

      1. Inciso uno

      2. Inciso dos

   B. Subdivisión.

      1. Ley de la nomenclatura: si existe uno

      2. Debe existir el dos.

a) Inciso (a). Recuerde si hay (a) debe haber (b)

b) Inciso (b)

3. Si no se tiene más incisos (a) y (b). Se agrega el comentario que se desee al mismo punto. (Como en este caso).

III. DIVISION PRINCIPAL DEL BOSQUEJO. Si no hay subdivisiones A y B entonces se agrega el comentario a esta misma división, como en este caso.

CONCLUSION: Termina siempre tus sermones en el momento más elevado de tu predicación.

H. La redacción de la predicación objetiva.

La unidad en la redacción del bosquejo es sumamente importante; pues, ésta evita la confusión al momento de leer y predicar el sermón. Es muy importante que el tema este bien planteado, y tenga sentido completo, ya que esta es la base para iniciar una buena redacción.

Cada división y subdivisión del bosquejo debe tener plena relación con el tema al ser leído; de lo contrario, a la hora de plantear cada punto del sermón el predicador tendrá confusión. El bosquejo es una herramienta, una ayuda para el predicador, y no un problema. Un bosquejo bien redactado es una herramienta poderosa para el predicador.

La redacción del bosquejo debe ser progresiva, de lo bueno a lo excelente, de lo negativo a lo positivo, de lo terrenal a lo celestial. Si se va a predicar del cielo y el infierno, no es bueno terminar en el infierno, es mejor terminar en el cielo.

La buena redacción le permitirá dividir cada punto principal en un subtema. Especialmente para los pastores o predicadores que hacen programas de radio y televisión, y requieren producir constante y abundante material, cada predicación, se puede convertir en tres o más programas. En el siguiente capítulo haremos algunas ilustraciones

CAPÍTULO X

CLASES DE SERMONES PARA UNA PREDICACIÓN OBJETIVA

La variedad en la Unidad

La variedad en el manejo de la predicación es muy embellecedora; ésta hace que el ministro de Dios se convierta en un instrumento útil, en los diferentes campos, en los cuales el Señor desea obrar. Bien sea, a través de la radio, la televisión, el internet, o cualquier tipo de comunicación, sea escrita o expositiva. Además, dentro de la variedad, se debe tener en cuenta los diferentes auditorios, los diferentes niveles intelectuales de los oyentes. Todo esto nos lleva a profundizar en la variedad, que debe tener el conferenciante, al exponer sus sermones o conferencias. Veamos algunas clases de sermones.

> La variedad en el manejo de la predicación es muy embellecedora.

A. El sermón temático.

El sermón temático es aquel que se dedica a tratar un tema en particular; especialmente se utiliza para

> El sermón temático es aquel que se dedica a tratar un tema en particular.

enseñar y predicar temas de teología sistemática o de una ciencia especial. Para plantear esta clase de sermones es necesario que el expositor sea experto en el área que va a tratar.

Ejemplo:

Tema: El carácter del cristiano.

Este tema aparentemente parece sencillo; sin embargo, tratarlo requiere de amplios conocimientos en psicología, que se sepa identificar con claridad el tema del carácter, sus comportamientos y variables que lo constituyen. Además, se debe tener un conocimiento teológico amplio acerca del carácter de Dios y sus demandas, y como desarrollar y afirmar el carácter cristiano.

Tema: Siete maneras de orar.

Es un tema edificante, inspirador; sin embargo, requiere de amplio conocimiento en la oración. Se puede deducir que realmente el exponente planteará siete temas. Y en cada uno de ellos deberá tener dominio completo.

1. La oración de confesión.

2. La oración de petición.

3. La oración de intercesión.

4. La oración de guerra espiritual.

5. La oración de acción de gracias.

6. La oración de alabanza.

7. La oración de adoración

Este tema es muy amplio, se requiere de bastante tiempo para profundizar en él.

Se recomienda que en esta clase de temas, mejor se dividan en temas afines, por ejemplo.

Tema: La oración que bendice nuestra vida.

1. La oración de confesión.

2. La oración de petición.

Son dos puntos mucho más manejables dentro de un corto tiempo.

Tema: La oración que bendice a otros.

1. La oración de intercesión.

2. La oración de guerra espiritual.

Esta sería una segunda conferencia. La cual se manejaría con expectativa.

Tema: La oración que exalta a Dios.

1. La oración de acción de gracias.

2. La oración de alabanza.

3. La oración de adoración.

El tema, siete maneras de orar, se convirtió en tres temas más específicos. Dependiendo de la necesidad de la iglesia se podrían especificar más, y convertirlos en siete temas individuales. De veinticinco a treinta minutos cada uno.

Algo importante es que cuando vamos a tratar un tema, debemos especializarnos en él, para exponerlo con fundamento, y eficazmente.

B. El sermón textual.

El sermón textual es aquel, donde la esencia de las divisiones principales se basan en el texto. Todo el contenido de la conferencia se limita y se centra en el texto. El predicador debe apelar al paralelismo bíblico; de tal manera, que sin salirse del texto, pueda profundizar y ampliar el desarrollo del sermón, hasta alcanzar su objetivo.

> El sermón textual es aquel, donde la esencia de las divisiones principales se basan en el texto.

En el sermón textual, como en cada tipo de sermón, es muy importante la redacción para conservar la unidad de pensamiento. Si se plantea bien el tema las divisiones se ajustarán perfectamente, veamos el siguiente ejemplo.

Ejemplo de un sermón textual:

Tema: Cuando Jehová te pastorea.

Texto: Isaías 58:11.

Introducción: El lugar más seguro está en la provisión y protección del Dios del cielo. El Señor quiere ser tu pastor.

1. Jehová te pastoreara siempre.

2. En las sequias saciara tu alma.

3. Dará vigor a tus huesos.

4. Serás como huerto de riego.

5. Como manantial de aguas.

6. Cuyas aguas nunca faltan.

Conclusión: Ven a sus brazos, ven a su redil. "Si oyeres hoy su voz, no endurezcáis vuestro corazón".

Este es un buen ejemplo de como en el sermón textual las divisiones principales surgen del mismo texto.

Se debe tener en cuenta, que no todos los textos sirven para hacer sermones textuales. Al analizar el texto, revisemos, que el texto tenga en cada una de sus divisiones ideas completas o subtemas.

C. El sermón textual analítico.

De la misma manera que en el sermón textual, la predicación gira alrededor del texto; sin embargo, en este tipo de sermón no se limita a las frases principales del texto, sino que se analizan las ideas principales, y se redactan

las divisiones principales del sermón, con base en el significado que provee el versículo.

Ejemplo de un sermón textual analítico.

Tema: Cuando Jehová te pastorea.

Texto Isaías 58:11

Introducción: El Señor es el mejor pastor del mundo,
Él desea ser tu proveedor y tu protector.

1. Jehová siempre será tu pastor.

2. Jehová te saciará emocionalmente, en medio de la
    sequía.

3. Jehová te fortalecerá hasta los huesos, en medio de
    la debilidad.

4. Jehová te convertirá en bendición, como un huerto
    de riego.

5. Jehová te convertirá en manantial de aguas

6. Jehová te convertirá en fuente inagotable.

Conclusión: Ven a su redil. Haz que el Dios Altísimo
sea tu pastor. ¡Conviértete en una bendición!

De manera analítica, se pueden sacar los significados
que provee el texto sagrado y transformarlos en ideas
principales; de esta manera, se convertirá en un sermón
textual analítico.

D. El sermón expositivo.

Los grandes predicadores del mundo recomiendan mucho este tipo de sermón. (Yo también); pues, es aquel que se dedica a profundizar y a extraer los tesoros del texto bíblico, para exponer la verdad divina.

El sermón expositivo toma un conjunto de versículos, o una historia, o un párrafo de las Sagradas Escrituras, y extrae las ideas principales; en forma progresiva y coherente. Organiza las ideas; sacando así, el precioso diamante oculto en el secreto de Dios.

> El sermón expositivo permite analizar las Sagradas Escrituras parte por parte, dejando en el oyente un conocimiento preciso y objetivo

El sermón expositivo permite analizar las Sagradas Escrituras parte por parte, dejando en el oyente un conocimiento preciso y objetivo del contenido del capitulo o párrafo estudiado.

Ejemplo del sermón expositivo.

Tema: Resultados de la liberación de Dios.

Texto: Salmo 126:1-6

Introducción: Cuando Dios nos libera, es para que disfrutemos de grandes cosas.

1. Nuestros sueños se hacen realidad. "Seremos como los que sueñan".(Vr. 1)

2. Volvemos a ser felices. (Vr. 2)

   a. "Nuestra boca se llenará de risa". (Vr. 2a)

   b. "Estaremos alegres". (Vr. 3b)

   c. Con regocijo segaremos. (Vr. 5b)

   d. Volveremos con regocijo trayendo la nueva cosecha. (Vr. 6b)

3. Volvemos a alabar a Dios. "Nuestra lengua (se llenara) de alabanza".(Vr 2b)

4. Somos testimonio de grandes cosas. (Vr. 2,3)

   a. Las naciones dirán grandes cosas ha hecho Jehová con estos.

   b. Nosotros diremos: grandes cosas ha hecho Jehová con nosotros.

Conclusión: Sueña en grande, se feliz, alaba al Señor, disfruta las grandes cosas que Dios ha hecho contigo. ¡Ahora eres libre!

El sermón expositivo es el sermón por excelencia, por la esencia espiritual que proyecta al fundamentarse en la palabra de Dios.

E. El sermón expositivo narrativo.

De la misma forma que el sermón anterior, se toma un párrafo o capítulo de las Sagradas Escrituras y se extraen las ideas principales. Pero, debemos tener en cuenta, que esta clase de sermones solo se basan en historias o parábolas, que permiten dentro del proceso la narrativa y sus aplicaciones.

Ejemplo del sermón expositivo narrativo.

Tema: La fe de cuatro hombres audaces.

Texto: Marcos 2:1-12

Introducción: Dios anda buscando hombres de fe.

1. Superó toda circunstancia.

   a. Superó la multitud.

   b. Superó la distancia.

   c. Superó la altura.

   d. Superó el techo.

2. Trajo perdón a un pecador.

   a. Jesús le dijo:" Hijo tus pecados te son perdonados"

   b. En medio de la oposición.

   c. En medio de la crítica.

3. Produjo la sanidad en el paralítico.

   a. En medio de la incredulidad.

   b. Jesús le dijo: "Levántate y anda"

4. Produjo restauración familiar.

   a. En su productividad. "Toma tu lecho".

   b. En su habilidad. Podía volver a jugar con sus hijos…

   c. Jesús le dijo: "Vete a tu casa".

5. Produjo fe en otros.

   a. Todos se asombraron.

   b. Todos glorificaron a Dios.

   c. Todos dijeron: "Nunca hemos visto tal cosa". La gente de fe hará ver lo que otros nunca han visto.

Conclusión: La gente de fe llega donde otros no han llegado; logra lo que otros no han logrado. Dios te ha escogido para que veas lo que otros nunca han visto, ni lo verán.

El sermón expositivo narrativo es un sermón ameno, hermoso, y muy objetivo, con contenido de alto valor espiritual.

Permitamos a Dios siempre su dirección y guía, especialmente en esta tarea tan exigente y vital como es la predicación. Dios te bendiga y te de entendimiento en todo; to haga un experto, en el ministerio de la predicación objetiva.

Declaro, en el nombre de Jesús, que serás uno de los mejores predicadores del mundo; influirás sobre mucha gente, transformando sus vidas con la palabra predicada. Muchos se sanarán, serán liberados de sus miserias; alcanzarán la vida abundante, y la vida eterna.

Lea este libro todas las veces que sea necesario, hasta que sea parte de su excelencia ministerial.

Eres el instrumento de Dios para este siglo, escogido por Dios para bendecir al mundo. Amén.

Olfidier Jorge Gama C.

ANEXOS

PROFECIAS PARA PREDICADORES

Lo mejor está por venir. ¡Cristo viene!

"Los entendidos resplandecerán como el resplandor del firmamento; y los que enseñan la justicia a la multitud, como las estrellas a perpetua eternidad". (Daniel 12:3)

"He aquí vienen días, dice Jehová el Señor, en los cuales enviaré hambre a la tierra, no hambre de pan, ni sed de agua, sino de oír la palabra de Jehová". (Amós 8:11)

"Te encarezco delante de Dios, y del Señor Jesucristo, que juzgará a los vivos y a los muertos en su manifestación y en su reino. Que prediques la palabra; que instes a tiempo y fuera de tiempo; redarguye, reprende, exhorta con toda paciencia y doctrina. Porque vendrá tiempo cuando no sufrirán la sana doctrina, sino que teniendo comezón de oír, se amontonarán maestros conforme a sus propias concupiscencias, y apartarán de la verdad el oído y se volverán a las fabulas. Pero tu sé sobrio en todo, soporta las aflicciones, haz obra de evangelista, cumple tu ministerio". (2 Timoteo 4:1-5)

"Ten cuidado de ti mismo y de la doctrina; persiste en ello, pues haciendo esto, te salvaras a ti mismo y a los que te oyeren". (1 Timoteo 4:16)

"Pero vosotros, amados, tened memoria de las palabras que antes fueron dichas por los apóstoles de nuestro Señor Jesucristo; los que os decían: en el postrer tiempo habrá burladores, que andarán según sus malvados deseos. Estos son los que causan divisiones; los sensuales, que no tienen al Espíritu. Pero vosotros, amados, edificándoos sobre vuestra santísima fe, orando en el Espíritu Santo, conservaos en el amor de Dios, esperando la misericordia de nuestro Señor Jesucristo para vida eterna. A algunos que dudan, convencedlos. A otros salvad, arrebatándolos del fuego; y de otros tened misericordia con temor, aborreciendo aun la ropa contaminada por su carne". (Judas 17-23)

"He aquí yo vengo pronto, y mi galardón conmigo, para recompensar a cada uno según sea su obra". (Apocalipsis 22:12)

Declaro, en el nombre de Jesús, que serás uno de los mejores predicadores del mundo; influirás sobre mucha gente, transformando sus vidas por medio de la palabra predicada, muchos se sanarán, y saldrán de sus miserias, y alcanzarán la vida abundante, y la vida eterna.

Eres el instrumento de Dios para este tiempo, escogido por Dios para bendecir al mundo. Amén.

Olfidier Jorge Gama C

CONCLUSIÓN

Este trabajo es un aporte a la iglesia del siglo XXI, a los ministros del mundo entero, que desean fundamentar a más profundidad el arte de la predicación. A los líderes que se desean preparar en la obra del ministerio y en la visión de ser predicadores de excelencia.

El mundo de hoy exige y requiere predicadores ejemplares, en su vida personal, espiritual, intelectual y social. "Todo lo divino es excelente y los predicadores están dentro de lo divino".

"El predicador debe estar preparado para ser el mejor, y hacer lo mejor".

Dios ha preparado grandes cosas para sus ministros; pero, sólo las logran ver los que se preparan.

Olfidier Jorge Gama C.

BIBLIOGRAFÍA

- CRANE James D. (1983) El sermón eficaz. Novena Edición. USA. Casa Bautista de Publicaciones.

- VILA Samuel. (1990) Manual de Homilética. 16ª edición. Barcelona España. Editorial Clie.

- CARNEGIE Dale. (1981) Como Hablar Bien en Público. Bogotá, Colombia. Círculo de Lectores.

- MAXWELL John C. (2004) Como Ganarse a la Gente. USA. Grupo Nelson.

- EDGE Findley B. (2008) Pedagogía Fructífera. Séptima Edición. Colombia. Casa Bautista de Publicaciones.

- CASTELLANOS Cesar.(2001) La Escalera del Éxito. Bogotá, Colombia. Editorial G12.

- WARREN Rick. (1998) Una Iglesia Con Propósito. Miami Florida. Editorial Vida.

- CHO David Yonggi. (2004) 45 Años de Esperanza. 1ª Edición. Colombia. Editorial Peniel.

- HARVEY H. El Pastor. Terrassa Barcelona España.

- BONNKE Reinhard. Evangelismo Con Fuego. Cuarta Edición. Colombia. Ministerio Cristo Para todas las Naciones.

- CRUZ Camilo. (2001) Arquitectura Del Éxito. 6ª Edición. Colombia. Taller del Éxito.

- MAXWELL Jhon C. (2007) Las 21 Leyes Irrefutables del Liderazgo. 2ª Edición. Estados Unidos de América. Grupo Nelson.

- MUNROE Myles. (2005) El Espíritu Del Liderazgo. Estados Unidos de América. Ministerio Internacional de Fe de las Bahamas.

- GRAHAM Billy. (2005) Secretos del Liderazgo. Miami, Florida. Editorial Vida.

- HAGEE John. (2004) Los Siete Secretos. Estados Unidos de América. Editorial Casa Creación.

- MAXWELL John C. (2006) Elementos Esenciales Del Liderazgo. Estados Unidos de América. Grupo Nelson, Inc.

- SANTA BIBLIA. Versión Reina Valera 1960. Nashville, Tennessee. Bible Publishers, HOLMAN.

- GAMA Olfidier. El Diseño de Dios. Estados Unidos de América. ©2015 Olfidier Jorge Gama. Todos los derechos reservados.